ELEMENTOS PARA UMA COMPREENSÃO DIAGNÓSTICA EM
PSICOTERAPIA

CIP-BRASIL. CATALOGAÇÃO-NA-FONTE
SINDICATO NACIONAL DOS EDITORES DE LIVROS, RJ

P727e

Pinto, Ênio Brito
  Elementos para uma compreensão diagnóstica em psicoterapia :
o ciclo de contato e os modos de ser / Ênio Brito Pinto. – São
Paulo : Summus, 2015.
  144 p.

  Inclui bibliografia
  ISBN 978-85-323-1010-1

  1. Acompanhamento terapêutico. 2. Psicoterapia. 3. Psicologia.
I. Título.

15-19644
CDD: 362.2
CDU: 364.622

www.summus.com.br

EDITORA AFILIADA

Compre em lugar de fotocopiar.
Cada real que você dá por um livro recompensa seus autores
e os convida a produzir mais sobre o tema;
incentiva seus editores a encomendar, traduzir e publicar
outras obras sobre o assunto;
e paga aos livreiros por estocar e levar até você livros
para a sua informação e o seu entretenimento.
Cada real que você dá pela fotocópia não autorizada de um livro
financia o crime
e ajuda a matar a produção intelectual de seu país.

ELEMENTOS PARA UMA COMPREENSÃO DIAGNÓSTICA EM
PSICOTERAPIA

...

O ciclo de contato e os modos de ser

Ênio Brito Pinto

summus editorial

ELEMENTOS PARA UMA COMPREENSÃO DIAGNÓSTICA EM PSICOTERAPIA
O ciclo de contato e os modos de ser
Copyright © 2015 by Ênio Brito Pinto
Direitos desta edição reservados por Summus Editorial

Editora executiva: **Soraia Bini Cury**
Editora assistente: **Michelle Neris**
Capa: **Gabrielly Silva**
Projeto gráfico e diagramação: **Crayon Editorial**

6ª reimpressão

Summus Editorial
Departamento editorial
Rua Itapicuru, 613 – 7º andar
05006-000 – São Paulo – SP
Fone: (11) 3872-3322
http://www.summus.com.br
e-mail: summus@summus.co.br

Atendimento ao consumidor
Summus Editorial
Fone: (11) 3865-9890

Vendas por atacado
Fone: (11) 3873-8638
e-mail: vendas@summus.com.br

Impresso no Brasil

Afinal [...]
Quanto mais eu sinta, quanto mais eu sinta como várias pessoas,
Quanto mais personalidade eu tiver,
Quanto mais intensamente, estridentemente as tiver,
Quanto mais simultaneamente sentir com todas elas,
Quanto mais unificadamente diverso, dispersadamente atento,
Estiver, viver, sentir, for,
Mais possuirei a existência total do universo,
Mais completo serei pelo espaço inteiro afora [...].

ÁLVARO DE CAMPOS

Sumário

Introdução 9

1 Revendo alguns fundamentos
da compreensão diagnóstica 19
Singularidades e pluralidades 22
A compreensão diagnóstica em Gestalt-terapia:
algumas delimitações 25
O pensamento diagnóstico processual 30
Funções da compreensão diagnóstica 31

2 A compreensão diagnóstica e a personalidade 35
Estrutura e processo 40
A compreensão diagnóstica do estilo de personalidade . . . 42

3 O ciclo de contato 49
As descontinuações como defesas 54
As descontinuações 57
O uso do ciclo de contato como tipologia 62
Estrutura 63

4 Os estilos de personalidade 71
   O dessensibilizado 76
   O defletor 82
   O introjetor 89
   O projetor. 94
   O profletor 99
   O retrofletor 107
   O egotista 115
   O confluente 124

5 Comentários finais 133

Referências 135
Anexo 139

Introdução

QUERO COMEÇAR ESTA Introdução contando um pouco de minha história profissional, sobretudo a maneira como cheguei ao tema deste livro – um aspecto ainda e infelizmente pouco explorado na Gestalt-terapia. Desde o início de minha atuação profissional, primeiro como estagiário, depois como recém-formado, tenho aprendido a importância de uma boa compreensão diagnóstica para o trabalho psicoterapêutico.

Logo que terminei a faculdade de Psicologia, fui trabalhar em um hospital psiquiátrico em Pouso Alegre (MG) que pertencia a um tio meu, Luiz Sousa Bustamante. Ele era um psiquiatra sensível e cuidadoso, profundamente atento ao aporte teórico, e me ensinou que a boa compreensão diagnóstica olha para a pessoa bem antes e com muito mais atenção que para a suposta doença que ela possa viver. Dessa forma, aprendi já nessa época, e tenho confirmado isso ao longo de mais de 30 anos de trabalho como terapeuta, que, por paradoxal que possa parecer, um bom diagnóstico é a melhor maneira de começar a realçar a singularidade de cada cliente, início do processo de ajudá-lo a se apossar dessa singularidade e desenvolvê-la ao máximo a cada momento da vida.

Após anos de trabalho e de muito estudo sobre a psicoterapia e a psicopatologia, depois de me aprofundar em uma compreensão baseada na Gestalt-terapia sobre esses processos e, sobretudo, sobre o viver saudavelmente, havia em mim uma inquietação enorme, uma falta que eu não conseguia ainda apreender de modo claro; apenas sentia e observava, enquanto buscava melhores perguntas. Em determinado momento, como pensei ter deparado com uma limitação da Gestalt-terapia, decidi estudar outra abordagem, mesmo que isso significasse o risco de deixar a Gestalt depois de tantos anos. Não importava: eu queria achar um jeito de ser melhor terapeuta, de ser mais útil para meus clientes, uma forma de superar aquela deficiência que eu percebia em meu trabalho. Assim, fui fazer uma formação em psicologia junguiana com Alberto Pereira Lima Filho. Por mais de cinco anos estudei as lições de Jung e de alguns de seus seguidores, mas não pude me tornar um junguiano – meu jeito de ser, minha forma de compreender o ser humano, meu jeito de trabalhar é visceralmente gestáltico. Mas não o é rigidamente, de forma que trouxe desses estudos muita aprendizagem, muito acréscimo ao meu modo de compreender o trabalho em Gestalt-terapia.

De todo o arcabouço teórico de Jung, fascinou-me especialmente sua tipologia, com suas atitudes e funções. Como isso me ajudava a ser melhor terapeuta! Em compensação, quanto preconceito tive de vencer para aceitar isso! Até compreender que uma tipologia é um caminho para evidenciar e ampliar singularidades, precisei estudar, refletir e experimentar muito. Uma vez compreendida a eficácia desse instrumento, eu ainda tinha uma questão: a tipologia junguiana se fundamenta em um olhar junguiano sobre o ser humano, e meu olhar estava fundamentado na Gestalt-terapia. Eu não queria fazer Gestalt e tipologia junguiana, embora esse tenha sido um caminho que usei provisoriamente, na esperança de um dia desenvolver um olhar tipológico mais coerente com a visão gestáltica de ser humano – sempre tendo como propósito fazer as melhores intervenções terapêuticas possíveis para meus clientes, com coerência e clareza teórica. Nessa época, eu trabalhava e teorizava, trabalhava e teorizava, ainda sem vislumbrar um caminho que pudesse seguir com confiança e segurança.

Minhas teorizações tomaram o rumo que me trouxe a este livro quando, por volta de 2001, comecei a dar aulas de compreensão diagnóstica no curso de especialização em Gestalt-terapia do então recém-fundado Instituto Gestalt de São Paulo. Assim que comecei a preparar o curso, Myrian Bove Fernandes deu-me uma apostila de um instituto de Gestalt do Canadá, com preciosas considerações teóricas de Gilles Delisle sobre o DSM-III, eixo II, o eixo dos transtornos e dos estilos de personalidade. Ali estava organizado algo que eu já fazia na prática mas ainda não tinha conseguido teorizar com tanta clareza. Desde a leitura daquele trabalho e a discussão dele com inúmeras turmas de especialização do IGSP e de outros institutos de Gestalt do Brasil, com base no que eu estudava e no que os colegas me perguntavam, fui desenvolvendo esses aspectos da compreensão diagnóstica afastando-me (sem negar sua importância) do DSM, agora IV, depois V. A ideia era evoluir para um olhar mais gestáltico, que considerasse o fato de que podemos, em um referencial da psicologia fenomenológica, pensar em estilos de personalidade, em modos de existir que podem ser descritos e compreendidos, modos de ser que não são necessariamente patológicos e cujo estudo é um grande instrumento terapêutico.

Este livro é uma condensação desse caminho e desses estudos. É fruto de muitos atendimentos terapêuticos em Gestalt--terapia e de inúmeros estudos teóricos em psicologia, não só em

Gestalt. É fruto de importantes questões que os alunos me propuseram. É fruto da minha confiança de que já há muito que compartilhar com os colegas. É fruto da esperança de que novas e mais densas questões possam ser provocadas pela sua leitura.

Aqui, parto do pressuposto de que a compreensão diagnóstica é uma das atividades mais importantes e complexas desempenhadas pelos profissionais no processo terapêutico, pois compõe com a relação terapêutica os dois pilares que sustentam o trabalho psicoterapêutico, em todas as abordagens. Por ser complexa e densa, a compreensão diagnóstica precisa ser mais bem estudada. Por ser complexa, densa e delicada, sua teorização não cabe em um livro. Nesse sentido, este trabalho é uma contribuição ao tema, sendo por isso parcial. Abarca alguns elementos dessa compreensão diagnóstica, provavelmente um dos veios menos estudados dessa atividade fundamental na terapia – o uso do ciclo de contato como um referencial de modos de ser, de estilos de personalidade, mirada que Perls esboçou em sua obra, sem, no entanto, completá-la (como fez com muitas das facetas da Gestalt-terapia, cujo aprofundamento teórico ele legou a seus sucessores).

Não se trata de uma continuação do trabalho de Perls, embora todo o meu modo de pensar esteja em grande parte sustentado nos trabalhos e nas ousadas ideias dele e daqueles que o ajudaram a iniciar a abordagem gestáltica em psicologia. Sinto-me, na verdade, inspirado por Perls, animado por ele, mas desenvolvendo um caminho próprio que, fundamentado em algumas de suas ideias, pretende ser uma contribuição ao desenvolvimento teórico da abordagem gestáltica.

Dessa forma, o panorama teórico que norteia este livro é a discussão e a ampliação do trabalho sugerido por Perls, que, em suas obras (1969, 1977a, 1977b, 1979, 2002; Perls et al., 1977c), busca uma tipologia baseada no ciclo de contato como um dos elementos de base da compreensão diagnóstica. Por exemplo, em Perls, Hefferline e Goodman (doravante PHG, 1997, p. 249, grifos meus), encontramos o seguinte:

Queremos expor agora a ideia de que diferentes mecanismos e "caracteres" do comportamento neurótico podem ser observados como sendo as etapas de ajustamento criativo nas quais o excitamento é interrompido. Isto é, queremos elaborar uma tipologia a partir da experienciação da realidade concreta. Vamos discutir as vantagens de uma abordagem desse tipo e as propriedades de uma tipologia que possa ser útil na terapia (porque, naturalmente, é uma *pessoa única* que estará sendo tratada, e não um tipo de doença).

Partindo do exposto por Perls em seus textos, faço uma ampliação desse modo de utilizar a compreensão diagnóstica em psicoterapia e proponho o uso do ciclo de contato, aqui adaptado do modelo concebido por Jorge Ponciano Ribeiro (2007), como fundamento para a construção de um referencial tipológico, uma das facetas da compreensão diagnóstica fenomenológica em Gestalt-terapia. Defendo também a importância dessa compreensão diagnóstica como norteadora do trabalho psicoterapêutico.

Tal compreensão em Gestalt-terapia ainda é um tema que demanda estudos, pois um maior número de discussões e de teorizações sobre ele seria importante na formação de novos terapeutas e na atuação de inúmeros profissionais, os quais, pela falta de debates, correm o risco de não explorar adequadamente as potencialidades da compreensão diagnóstica como norteadora na ajuda a seus clientes. Meu trabalho pretende cobrir, em parte, essa lacuna.

A julgar pelo que observo no contato com colegas gestaltistas e tendo em vista os trabalhos de Pimentel (2003) e de Frazão (1991, 1992, 1995a, 1995b, 1999), para mim fica claro que é preciso que se desenvolvam na Gestalt-terapia discussões e teorizações sobre a compreensão diagnóstica, de modo que se caracterize um diagnóstico não apenas psicopatológico, mas psicológico, que leve em conta todo o campo e seja fundamentado no olhar fenomenológico e holístico característico da abordagem gestáltica. Trata-se de uma compreensão diagnóstica que dê suporte à postura humanizada e humanizadora do Gestalt-terapeuta em sua prática clínica e em sua tentativa de facilitar o desenvolvimento das potencialidades de seus clientes.

É com base em minha prática clínica e nos estudos que tenho feito ao longo de minha vida profissional que defendo o uso do pensamento diagnóstico processual (Frazão, 1991, 1992, 1995a/b), somado ao uso do ciclo de contato como fundamento para uma tipologia como as bases da compreensão diagnóstica. Feita dessa maneira, a compreensão diagnóstica é um importante orientador do trabalho psicoterapêutico – um indicador de caminho –, uma vez que toda a estratégia terapêutica e todo o trabalho psicoterapêutico dependem e derivam da compreensão diagnóstica alcançada.

Parece-me importante realçar que essa minha proposta representa, de certa forma, uma novidade nos estudos sobre o diagnóstico nas psicologias fenomenológicas, uma vez que se trata de um olhar que abre a oportunidade de discussão sobre uma possibilidade humana pouquíssimo explorada com clareza dentro dessa abordagem (à exceção talvez de Tellenbach): a existência, naturalmente limitada, de estilos de personalidade que podem servir de referência para uma compreensão diagnóstica e para a postura terapêutica.

Quando defendo o uso de uma tipologia em psicoterapia e penso na indispensável pergunta de PHG (1997, p. 249) – "E como não impor um padrão em lugar de ajudar a desenvolver as potencialidades do outros?" –, tenho clara a ideia de que esse uso é, para o terapeuta, um norteador do pensamento clínico em terapia. Não creio ser útil para o cliente saber a que tipo corresponde seu jeito de ser, pois isso com muita facilidade seria vivido como uma receita de ser, algo que vai de encontro ao ideário da psicologia fenomenológica. O estudo que desenvolvo neste livro visa ao terapeuta, pretende dar a ele um instrumento que facilite a eficácia da terapia, que norteie seu trabalho e sua postura diante do cliente, não devendo ser compreendido como informações a ser trocadas com o cliente, a não ser em situações muito especiais. Dar ao cliente uma avaliação sobre um possível tipo psicológico tem muito mais um efeito de limitar sua existência que de delimitar seu desenvolvimento; é provavelmente mais um molde ao qual o cliente tentará se adequar que uma forma de buscar autoconhecimento e expansão de *awareness*.

Assim, a compreensão do jeito padrão de ser do cliente é apenas uma referência para o terapeuta – referência essa de grande utilidade para a eficiência e o abreviamento do trabalho terapêutico. Ao estudá-la, cada terapeuta acabará encontrando seu estilo próprio de personalidade, o que implica o risco de que isso se transforme em um molde; porém, tal risco não pode ser evitado. A única maneira de lidar com ele é a própria terapia, a qual, quando bem-sucedida, lhe abrirá a possibilidade de ir além do próprio estilo, de responder a cada situação com a amplitude de ação exigida, o que acabará sendo útil também na facilitação do mesmo processo por parte de seus clientes.

Não podemos também deixar de considerar o risco de o terapeuta, ao fazer uso de uma tipologia, encarcerar seu olhar sobre o cliente, passando a ver o tipo em vez da pessoa. Todo instrumento terapêutico precisa ser usado com cuidado; sobretudo, é necessário lembrar que uma compreensão diagnóstica é uma teoria sobre o cliente, uma tentativa de compreendê-lo com base em certos parâmetros, visando ampliar a possibilidade de que a terapia o ajude para que ele se aventure mais pelo seu campo existencial, se explore mais, se desconheça mais vezes, se reintegre sem cessar, se conheça melhor. Também esse deve ser o caminho do profissional diante de seu cliente: embora tenha na compreensão diagnóstica um referencial diagnóstico, que o terapeuta possa entrar em cada sessão podendo se surpreender com seu cliente, com a abertura para conhecê-lo de novo, a disposição para incentivar sem cessar a dialética socrática – a abertura à descoberta, ao desvelamento do vivido –, mantendo o cuidado de se distanciar de uma investigação técnica e normativa, aproximando-se, assim, da disposição para experienciar o descobrir sem finalidade nem fim.

Ao pensarmos em um referencial de modos de ser, é preciso que duas questões fundamentais estejam bem presentes. A primeira é o fato de que uma tipologia pode ser um caminho muito eficaz para a busca da singularidade, como mostrarei já no início das discussões teóricas deste livro. A outra questão, igualmente importante, é a confiança de que não há um tipo mais saudável que outro, pois a natureza e a vida precisam da diversidade. Cada estilo de ser traz determinadas barreiras a ser superadas, além de determinadas sabedorias a ser desenvolvidas – superação e desenvolvimento que se darão ao longo de toda a vida, segundo as circunstâncias e o tempo de cada pessoa.

Em síntese: conhecer o estilo dos clientes facilita a descoberta do melhor caminho para que a terapia lhes seja útil; o conhecimento do próprio estilo por parte do terapeuta ajuda a abrandar as suas cristalizações e as cristalizações dos clientes, de maneira que a pessoa possa, mais e mais, reagir a cada situação abdicando da repetição compulsória de vivências e comportamentos.

1. Revendo alguns fundamentos da compreensão diagnóstica

UM DOS FUNDAMENTOS da atividade psicoterapêutica é que o terapeuta faça uma compreensão diagnóstica de seu cliente, o que inclui, além de considerações acerca do que é/está saudável ou patológico no cliente, as peculiaridades da pessoa em questão, da sua situação existencial e da maneira como compõe – a cada momento e usualmente – o sentido do que vive. Ao menos parte desse diagnóstico pode ser fundamentada na concepção gestáltica do ciclo de contato, instrumento muito útil para o psicoterapeuta, independentemente de sua abordagem teórica de base. É essa parte da compreensão diagnóstica o foco deste livro.

É importante observar, no entanto, que em um processo psicoterapêutico a compreensão diagnóstica não pode ser apenas um diagnóstico do cliente: ela precisa envolver a situação terapêutica e a situação de vida do cliente como um todo, além, é claro, das disposições do terapeuta para aquele trabalho clínico. A compreensão diagnóstica em Gestalt-terapia ainda deve levar em conta tanto os aspectos intrapsíquicos quanto os relacionais, embora dê ênfase maior aos aspectos referentes à intersubjetividade – caminho por excelência da abordagem gestáltica. Outro ponto importante é que a compreensão diagnóstica não se esgote no sintoma, mas abarque o estilo relacional mais típico do cliente, seu modo característico de ser ou estilo de personalidade, pois é ele que configura o fundo de onde sobressairá a figura da queixa, do sintoma ou, melhor dizendo, do sofrimento denunciado no momento.

A compreensão diagnóstica é um indicador de caminhos, um mapa indispensável, pois, do meu ponto de vista, o trabalho terapêutico não é possível sem uma adequada compreensão diagnóstica que lhe dê suporte e norte[1]. Na forma como realizo a compreensão diagnóstica, como explicarei adiante, o modo característico de ser, ou estilo de personalidade, é uma qualidade distintiva humana, ou seja, integra a estrutura da personalidade. Mais adiante, deixarei bem claro a que me refiro quando falo em estrutura de personalidade.

Como já levantei em outra obra (Pinto, 2009), no trabalho psicoterapêutico que desenvolvo com meus clientes faço uma compreensão diagnóstica baseada em quatro pontos fundamentais:

a) o fundo, ou seja, o estilo de personalidade que dá sustentação à queixa e subsidia, igualmente, a tecelagem de sentidos feita pelo cliente;
b) a figura trazida pelo cliente, sua dor, sua queixa, o que inclui um cuidadoso olhar para seus pontos atuais de descontinuação mais importantes no ciclo do contato;
c) a situação terapêutica a cada sessão;
d) o campo existencial do cliente.

---

1. Até mesmo os psicoterapeutas que dizem não fazer diagnóstico em seus atendimentos na prática não deixam de fazê-lo. A maioria daqueles que assim se posicionam faria melhor se afirmasse que não diagnostica segundo determinados parâmetros, como os psiquiátricos, mas de acordo com outros princípios, os quais lhes possibilitam desenvolver um conceito de saúde e uma teoria sobre a personalidade, entre outros aspectos da estratégia e da postura terapêuticas adotadas a cada trabalho com os clientes.

ELEMENTOS PARA UMA COMPREENSÃO DIAGNÓSTICA EM PSICOTERAPIA

Essa compreensão diagnóstica, aliada a outras questões, permite delimitar a possibilidade e, em caso positivo, a estratégia básica da psicoterapia a ser desenvolvida. Dadas essas quatro linhas focais a ser verificadas em um processo de compreensão diagnóstica em Gestalt-terapia, é hora de fazer uma importante delimitação. Privilegiarei aqui a primeira linha, a que afirma a possibilidade da existência de estilos de personalidade, ou modos característicos de ser. Entendo que, assim fazendo, poderei trazer à comunidade gestáltica algo ainda pouco explorado e de enorme eficácia em um processo psicoterapêutico fenomenológico: a possibilidade do uso de uma tipologia como ferramenta de compreensão do cliente e até do próprio terapeuta. Friso que, de forma alguma, a compreensão diagnóstica pode ser reduzida à compreensão do estilo de personalidade do cliente, mas que este é, sim, um passo facilitador da tarefa psicoterapêutica, em meio aos outros passos necessários.

Ao se usar essa tipologia, e cuidando para que a compreensão diagnóstica não se torne iatrogênica, é preciso ficar alerta para não reduzir a singularidade existencial e a história do cliente a um rótulo. O olhar diagnóstico aqui proposto é compreensivo; pretende conhecer o cliente, perceber o ponto de sua trajetória existencial em que está e como significa esse momento e a caminhada até aqui, bem como suas possibilidades futuras. Além disso, por ser uma busca compreensiva, tal atitude terapêutica não visa construir nem encontrar algo que se possa denominar de normalidade, uma vez que, como já é bem estabelecido na abordagem gestáltica, cada pessoa é um universo complexo, de forma que querer reduzi-la a uma suposta normalidade é uma maneira de lhe tolher desenvolvimentos, limitar sua criatividade, mascarar sua singularidade. Ao cuidar para que a compreensão diagnóstica siga esse caminho não reducionista, garantirei, ao mesmo tempo, que o cliente não precise aprofundar suas defesas, protegendo-se também do diagnóstico para manter sua singularidade, mas, ao contrário, possa, com o terapeuta, fazer da compreensão diagnóstica uma ferramenta de autoconhecimento.

Embora aqui eu vá tratar sobretudo de uma compreensão tipológica que aborde a estrutura da personalidade humana e algumas de suas mais importantes configurações, tenho claro (e repito) que tal compreensão é apenas parte da compreensão diagnóstica; é uma ferramenta a ser usada a serviço do cliente, pois, como bem lembra Perls (1977b, p. 98, grifos meus), "a Gestalt-terapia é uma abordagem existencial, o que significa que não nos ocupamos somente de lidar com os sintomas ou *estrutura de caráter*, mas com a existência total da pessoa".

Singularidades e pluralidades

UM PROCESSO TERAPÊUTICO COMEÇA pela possibilidade de que o terapeuta interaja com seu cliente valorizando a pessoa singular que ele é, com sua história ímpar, seu momento único, suas dores e conquistas características, seu campo distinto.

Um terapeuta chega a uma compreensão melhor da singularidade de seu cliente se não se prende apenas ao peculiar deste. Como afirmam Kluckhohn e Murray (*apud* Pervin, 1978, p. 1), "todo homem é, sob certos aspectos: a) como todo homem; b) como certos homens; c) como nenhum outro homem". Penso ser útil, durante o processo de compreensão diagnóstica e no processo terapêutico como um todo, atentar para os dois primeiros itens a fim de realçar e compreender ainda melhor o último.

ELEMENTOS PARA UMA COMPREENSÃO DIAGNÓSTICA EM PSICOTERAPIA

A compreensão diagnóstica em psicoterapia se refere àquela pessoa que está à frente do terapeuta e se fundamenta também em uma generalização. Porque "toda lei científica, todo sistema filosófico, toda generalização, baseia-se na busca do denominador comum, do fato idêntico a várias coisas. Em resumo, da 'gestalt' comum a diversos fenômenos" (Perls, 2002, p. 104), a compreensão diagnóstica parte do vivido e relatado por aquela pessoa e caminha em direção ao que há nela em comum com os outros seres humanos, para depois voltar ao indivíduo na tentativa de compreendê-lo e de ajudá-lo a se compreender. No caso da parte da compreensão diagnóstica que estudo neste livro, a gestalt comum refere-se ao item "b" de Kluckhohn e Murray no que diz respeito à personalidade, à vivência de um jeito de ser característico e à existência de estilos limitados e descritíveis de personalidade humana.

Concordo com Carlos Vinacour (1999, p. 17) quando ele afirma que a tarefa terapêutica "exige a necessidade de propor generalizações que orientem nossos passos". Para esse autor, mesmo ao se levar em conta que as categorias diagnósticas de todas as abordagens em psicologia são construtos, estando assim sujeitos a correções à medida que avança o conhecimento humano, podemos utilizá-las de maneira heurística, como algo inconcluso e processual. Assim, tais categorias diagnósticas ajudam-nos a conhecer melhor o cliente e a orientar a estratégia e as intervenções terapêuticas.

Procurando entender a singularidade de cada pessoa, a compreensão diagnóstica caminha do singular ao genérico, ao que é compartilhado com outras pessoas, para voltar ao singular, destacando melhor e com maior precisão e, além disso, o que há de "positivo", de potencial realizado e de potencial a ser desenvolvido, sugerindo caminhos pelos quais o desenvolvimento pode ser retomado. Assim, a compreensão diagnóstica, tal como a proponho, não é massificação, antes pelo contrário. Parte-se do geral para facilitar a compreensão do particular do e pelo cliente, assim como é importante não usar esse geral como uma cama de Procusto onde colocar cada cliente.

Imaginemos uma situação em que certo cliente relata ao terapeuta, entre outros aspectos e de determinada maneira, uma série de vivências que o fazem procurar ajuda terapêutica. Imaginemos ainda que, de posse desse relato (com seu conteúdo e sua forma), o terapeuta busca em sua teoria o construto que melhor descreva o que se passa com o cliente e descobre tratar-se de um quadro depressivo. Verificando a propriedade desse construto (o genérico), o terapeuta então volta ao cliente a fim de compreender como é o estado depressivo daquela pessoa naquele momento (volta ao singular). Só assim ele pode vislumbrar o caminho terapêutico mais indicado. Uma vez realizado esse vaivém do particular ao genérico e de volta ao singular, não significa que o diagnóstico esteja pronto, pois esse movimento deve ser refeito a cada sessão terapêutica, como veremos mais adiante.

Por ser uma espécie de pesquisa sobre o cliente, a compreensão diagnóstica deve se apoiar nos três fundamentos da atitude de um pesquisador destacado por Goldstein (cf. Holdrege, 2006). Assim, o pesquisador-terapeuta precisa ficar "aberto e leve tão completa e precisamente quanto possível nas impressões", não dando, a princípio, preferência a nenhum aspecto específico do fenômeno observado. O próximo cuidado necessário é descrever de modo compreensível o fenômeno observado, evitando julgamentos baseados em preconceitos teóricos. Por fim, e muito importante, todo fenômeno deve ser considerado levando-se em conta o organismo como um todo e a situação na qual acontece. É essencial a observação cuidadosa de detalhes e de como eles se configuram em um todo, o que requer a presença de uma atitude analítica – a qual deve ser "contrabalançada por um retorno ininterrupto ao contexto maior, de forma que todo detalhe analítico seja reintegrado em seu todo para que a atomização dos assuntos sob investigação, tão comum em ciência, seja evitada".

Todo conhecimento teórico em psicoterapia só tem sentido se usado a serviço do cliente, e esta é a função da teoria: lançar luz, ainda que tênue, sobre a existência humana com o fim de facilitá-la dentro do possível. Ao fazer uma compreensão diagnóstica, está-se criando uma teoria sobre a pessoa que procura a terapia, estão se lançando hipóteses, mapas, que, como tais, retratam uma cidade ou uma região *como se fossem* essa região ou essa cidade, nunca as sendo. Essa condição "como se" não deve ser perdida de vista, sob pena de reduzir o humano ao mecânico. Também não nos deve impedir de esboçar essa teoria sobre o cliente, pois é com base nele que se desenham com melhor clareza os caminhos possíveis para o trabalho psicoterapêutico.

A compreensão diagnóstica em Gestalt-terapia: algumas delimitações

COMO JÁ AFIRMEI, MINHA intenção neste trabalho é incrementar o corpo teórico da Gestalt-terapia no que diz respeito à compreensão diagnóstica, detendo-me sobretudo nas bases fenomenológicas da Gestalt-terapia e do diagnóstico. Toda abordagem em psicologia apresenta uma visão acerca do ser humano que sustenta a sua prática clínica. A visão da Gestalt-terapia se constrói de uma síntese criativa e coerente, em constante transformação, de certas correntes filosóficas ou psicoterápicas, como a psicologia existencial, a psicologia fenomenológica, a psicologia humanista, a psicanálise (freudiana e de alguns discípulos de Freud[2]), os trabalhos de Martin Buber, Kurt Lewin e Reich, a psicologia da Gestalt, a teoria organísmica de Goldstein, a teoria de campo de Lewin, alguns aspectos do taoísmo e do budismo e, mais recentemente, questões ligadas à física quântica e à psicologia transpessoal.

A atitude fenomenológica é o ponto que dá sentido e coerência à configuração gestáltica de modo a que ela seja um todo harmônico (Loffredo, 1994). É por isso que Tellegen (1984, p. 41) afirma que a Gestalt-terapia tem suas bases no "homem em relação, na sua forma de estar no mundo, na radical escolha de sua existência no tempo, sem escamotear a dor, o conflito, a contradição, o impasse, encarando o vazio, a culpa, a angústia, a morte, na incessante busca de se achar e se transcender".

Moreira (2009, p. 7) discute com clareza o posicionamento da Gestalt-terapia no rol das psicologias fenomenológicas. A autora parte de uma pergunta desencadeadora, que se torna o título de seu artigo ("A Gestalt-terapia e a abordagem centrada na pessoa são enfoques fenomenológicos?"), para aprofundar essa questão, afirmando que,

> ainda que Frederick Perls tenha pouco explorado seus fundamentos filosóficos, raramente mencionando a fenomenologia como possível influência ou base metodológica de seu traba-

2. Hoje, sobretudo no que diz respeito ao diagnóstico, começam a influir no desenvolvimento da abordagem gestáltica algumas teorias também dissidentes da psicanálise clássica, principalmente por meio dos trabalhos de Faibairn e de Winnicott (cf. Hycner e Jacobs, 1997; Frazão, 1999; Delisle, 1999).

lho, talvez sua função tenha sido, como assinala Tellegen (1984), "*a de abrir pistas para quem quisesse segui-las*" [...] Seja como for, se não foi explicitada a base fenomenológica da Gestalt-terapia em Perls, certamente ela é apontada na atual produção teórica da área no Brasil.

Assim, para a Gestalt-terapia – como psicologia fenomenológica –, o importante na compreensão diagnóstica é uma atitude que permita o surgimento da originalidade do cliente. Isso implica que, no correr da situação terapêutica, o imediato não seja interpretado somente à luz de referenciais anteriores, mas sobretudo à luz que busca o sentido da experiência para o cliente. Para isso, é necessário que o terapeuta desenvolva a possibilidade de se colocar sempre num movimento pendular entre o vivido e o refletido teoricamente, ora envolvendo-se existencialmente na sessão terapêutica – deixando vir à tona seus sentimentos, suas percepções, suas fantasias, sua criatividade e os elementos que permitam uma compreensão pré--reflexiva e intuitiva dessa vivência –, ora exercendo um olhar mais reflexivo e teórico que lhe possibilite compreender, com base em seus conhecimentos, o que é vivido naquela situação terapêutica (Ciornai, 2004).

É preciso lembrar que todo nosso conhecimento teórico compõe o fundo de nossa vivência profissional a cada situação terapêutica, está presente em cada sessão e acaba por ampliar nossa capacidade de observação, tirando-nos do senso comum. Dessa maneira, quando o terapeuta flui do mais puro processo, do vivido na relação, para uma reflexão sobre esse vivido, indo e vindo nesse movimento pendular a que já me referi, ele realiza uma compreensão diagnóstica que pode ser constantemente verificada e, então, confirmada ou reformulada no correr do processo terapêutico.

Além de possibilitar que o terapeuta conheça e compreenda melhor e mais rapidamente seu cliente, a compreensão diagnóstica visa sobretudo orientar o primeiro a lidar com o segundo; não tem a finalidade de enquadrar ou etiquetar o cliente para lhe propor mudanças com base em um esquema anterior e estreitamente delimitado de saúde ou normalidade. Ademais, tendo em vista que é o todo que configura as partes, e não o contrário, a compreensão diagnóstica tem também a função de perceber como se configuram e se articulam as partes desse todo em cada situação vivida, ou seja, de que recursos o cliente se utiliza em seus ajustamentos criativos no seu mundo cotidiano. Portanto, a compreensão diagnóstica se enfatiza como processo, não como coisa acabada e estreitamente estruturada, possibilitando o prognóstico – sua outra e importante faceta –, pois todo diagnóstico bem-feito traz em si um prognóstico, uma ideia sobre se e como podem se dar as mudanças necessárias à retomada do crescimento (Tellegen, 1984).

Resumindo, quando o psicoterapeuta faz uma compreensão diagnóstica, está procurando um discernimento sobre como a pessoa que o procura vive, significa a si própria o vivido em todo o tempo do processo de psicoterapia. Dessa forma, o profissional leva em consideração, sem se fiar no determinismo, a história de seu cliente, seu momento existencial e seus projetos, com o objetivo de compreender como essa pessoa age, sente, pensa – como ela se movimenta, enfim, pelos caminhos da vida. Uma vez que o todo não é somente o atual, mas também a possibilidade, *a compreensão diagnóstica procurará ainda vislumbrar possíveis prognósticos, possíveis caminhos pelos quais o cliente desentravará seu desenvolvimento.*

ELEMENTOS PARA UMA COMPREENSÃO DIAGNÓSTICA EM PSICOTERAPIA

Ao fazer a compreensão diagnóstica, o terapeuta busca uma relação entre o aqui e agora do cliente e o lá e então de sua história a fim de entender aquele que está diante dele. Porém, isso não significa que haja aí um raciocínio baseado em alguma crença determinista, de causa e efeito direto – o ser humano é complexo demais para que se possa desvendá-lo dessa forma. Por isso, o olhar gestáltico compreende o sofrimento vivido pelo cliente (que o trouxe para o processo psicoterapêutico) como uma cristalização, Gestalten que não se fecharam e provocam a repetição de uma atitude existencial que se tornou anacrônica – expondo um ajustamento, a princípio criativo, que se tornou insatisfatório e precisa ser revisto e renovado de forma criativa.

Outro ponto importante da compreensão diagnóstica e pouco trabalhado pelos teóricos da abordagem gestáltica diz respeito a uma suposta causa para um comportamento/sofrimento. É bastante comum ouvirmos que determinado comportamento ou sofrimento foi causado por uma vivência, o que me parece errado se pensarmos fenomenologicamente. Esse erro ainda é uma repercussão das ideias psicanalíticas no pensar gestáltico e precisa ser mais bem analisado. Não é que não se deva pensar que determinadas vivências podem ter uma causa, um porquê; a questão é que isso não é o mais importante, por dois motivos. Primeiro, ao pensarmos no motivo causador de vivências, deixamos de considerar a complexidade humana, tomando o ser humano como uma máquina que só tem um jeito de reagir, efeito dependente somente de causa. Dizendo de outro modo: não podemos nos esquecer de que entre causa e efeito há múltiplas possibilidades, complexas criações, específicas circunstâncias, mistérios para nossa consciência tão pequena e insuficiente. Segundo, e talvez mais importante para um processo psicoterapêutico, quando uma pessoa vive um incidente que denomina de traumático, o possível sofrimento dele derivado não está exatamente vinculado a uma causa, mas a uma possibilidade. De outro modo: o sofrimento decorrente de um acontecimento traumático (a causa, no senso comum) é provocado por um saber que não pôde ser utilizado no momento do ocorrido e deve se desenvolver, transformar-se de potencial em realidade, para que a pessoa reaja a situações semelhantes de maneira mais criativa e atualizada. Em outras palavras ainda: mais do que o suposto por quê, interessa-nos em psicoterapia fenomenológica o provável para quê. A ansiedade de que se queixa um cliente não é causada por sua incapacidade de estar só, mas provocação para que ele desenvolva sua capacidade de viver e de se aproveitar de momentos de solidão.

O pensamento diagnóstico processual

COMO HIPÓTESE, A COMPREENSÃO diagnóstica em psicoterapia nunca pode ser estática: ela é um processo derivado do que Frazão (1991) chama de *pensamento diagnóstico processual*: o terapeuta deve permanecer atento a cada nova configuração que o cliente fizer em sua vida. A compreensão diagnóstica é uma atividade sem ponto-final, pois, além de ter de ser feita e revisada durante todo o processo psicoterápico, não é incomum o terapeuta, por causa de novos conhecimentos adquiridos em sua permanente e ininterrupta formação, voltar mesmo a clientes atendidos há muito tempo e ter deles uma nova compreensão.

Em uma linguagem mais próxima daquela da área da saúde humana, o que quero dizer é que um psicoterapeuta, agindo de maneira fenomenológica, não está impedido de fazer uma compreensão diagnóstica de seu cliente (antes pelo contrário), mas está definitivamente proibido de fechar esse diagnóstico. Nesse sentido, Oaklander (1980, p. 208) faz importante observação quando afirma que se relaciona com a criança, sua cliente, como ela se apresenta no aqui e agora da situação clínica, pois "ela é um indivíduo multifacetado, capaz de muitas formas de ser" – o que obriga a uma constante revisão da compreensão diagnóstica, já que a situação clínica sempre impera sobre esta. Isso, no entanto, não torna essa compreensão menos importante, tampouco retira dela seu valor norteador e de suporte para a postura do terapeuta.

Funções da compreensão diagnóstica

ALÉM DE NORTEADORA PARA O terapeuta, a compreensão diagnóstica cumpre outras importantes funções em um processo psicoterapêutico. Melnick e Nevis (1992, p. 429) propõem cinco razões para fazer uma compreensão diagnóstica de maneira formal, sistemática e delimitada. Em primeiro lugar, ela é uma bússola que ajuda a organizar a informação e prover uma direção por meio dos dados coletados. Em segundo, o processo de diagnosticar possibilita ao terapeuta um controle da própria ansiedade, o que, por sua vez, lhe permite esperar sem precipitação que a figura emerja a cada situação clínica, reconhecendo-a com a mesma calma. O terceiro fator é que, pela ligação da teoria de escolha do terapeuta a outros sistemas de diagnóstico, uma grande ordem de pesquisa e teoria se abre ao profissional, permitindo-lhe fazer predições e prognósticos sem ter de esperar que os dados emerjam da experiência imediata. Em quarto lugar, o psicoterapeuta precisa estar fundamentado em uma ampla perspectiva que inclui o futuro e, particularmente, o passado do cliente, embora a exploração que faz desse passado seja fenomenológica, uma tentativa de compreendê-lo sem presumir que ele é responsável pelo presente, como já vimos. Por fim, a compreensão diagnóstica possibilita ao psicoterapeuta não ficar isolado de colegas de outras abordagens ou de outras profissões da área.

Yontef (1998, p. 279) afirma que os terapeutas competentes "categorizam, avaliam e diagnosticam". Para ele, diagnosticar pode ser "um processo de prestar atenção, respeitosamente, a quem a pessoa é, tanto como indivíduo único, como no que diz respeito a características compartilhadas com outros indivíduos". Ele continua: "Fazemos discriminações a respeito de padrões gerais, sobre que tipo de pessoa o paciente é, a trajetória provável do tratamento, que abordagens têm maior probabilidade de funcionar, os sinais de perigo". E conclui: "Não podemos evitar diagnosticar. A nossa opção é: fazê-lo de maneira superficial ou não deliberada, ou, ao contrário, de maneira bem ponderada e com *awareness* completa". Para Yontef, se o diagnóstico é feito sem *awareness*, aumenta o risco de se impor ao cliente uma crença ou um sistema de valores, o que seria antiterapêutico.

Penso que, neste momento em que a Gestalt-terapia passa das seis décadas de surgimento, seria interessante desenvolver modelos diagnósticos a ser empregados pelos Gestalt-terapeutas, como, aliás, destacou Adelma Pimentel (2003, p. 234) em seu estudo sobre o psicodiagnóstico na Gestalt-terapia brasileira. Em suas conclusões, ela aponta que há apenas o início de um campo comum para a formulação diagnóstica na abordagem em nosso país, o qual inclui, entre outros aspectos: a) a concepção do diagnóstico "como uma produção humana na relação intencional com o outro"; b) a colocação do diagnóstico junto da psicoterapia, não como algo alheio a ela ou separado dela; c) o conceito de diagnóstico como uma ação processual realizada ao longo do processo terapêutico. Tratando das proposições fenomenológicas do psicodiagnóstico, a autora (*ibidem*, p. 239) destaca outros pontos em que a concepção e formulação diagnóstica em Gestalt-terapia vão, paulatinamente, adquirindo pontos de identidade sustentados:

na valorização e apreensão do fenômeno tal como ele acontece, no estabelecimento do diálogo, na valorização do saber do cliente, na suspensão do julgamento clínico, na busca da compreensão possível da totalidade do cliente como ser humano inserto em um contexto socioeconômico-histórico-cultural.

Por fim, é fundamental estarmos atentos ao fato de que a compreensão diagnóstica tem duas vertentes mais importantes: o contato com o cliente, ou seja, o que acontece *entre* terapeuta e cliente a cada situação clínica; e a semiologia. Do ponto de vista fenomenológico, o diagnóstico se dá muito mais pelo contato com o cliente que pela semiologia, constituindo-se, assim, no que Minkowski chamou de "diagnóstico por penetração" e Tellenbach de "diagnóstico atmosférico" (Tatossian, 2006, p. 58). Para Tatossian (*ibidem*, p. 59), uma das possibilidades desse diagnóstico é ele ser pós-semiológico, pois integra e supera o que pode revelar uma lista de comportamentos e vivências a ser observados. Não que a semiologia não tenha importância, mas para compreender uma pessoa e seu mundo nada substitui o *estar com*, o que acontece *entre* o terapeuta e o cliente. Neste trabalho, ao mesmo tempo que ressaltarei a preponderância do *estar com*, darei atenção à semiologia, ou seja, a algumas das principais observações que um psicoterapeuta deve fazer para melhor compreender seu cliente em seu modo habitual de ser. A semiologia compõe o pano de fundo para o diagnóstico por penetração – ou atmosférico – ao propor algumas questões que o psicoterapeuta, baseado em sua fundamentação teórica, deve fazer sobre o cliente.

Uma vez estabelecidas a necessidade e a utilidade da compreensão diagnóstica em um processo psicoterapêutico, deparo com a questão mais importante deste diálogo que ora estabelecemos: qual é a fundamentação teórica para o uso do estudo dos modos de ser na compreensão diagnóstica em psicoterapia?

2. A compreensão diagnóstica e a personalidade

COMO JÁ VIMOS, a compreensão diagnóstica parte de (mas não se limita a) uma compreensão da personalidade do cliente. Como neste livro concentro-me sobretudo na compreensão diagnóstica da personalidade da pessoa, é preciso deixar o mais claro possível como compreendo a personalidade humana de minha ótica gestáltica.

Seguramente, ao longo do trabalho, terei de me deter nesse ponto, haja vista que as poucas tentativas que até hoje encontrei na literatura gestáltica de definição desse conceito apresentam problemas conceituais. Assim é que, por exemplo, Delisle (1999, p. 19), quando define a personalidade como o "senso de identidade e o impacto que ele provoca nas outras pessoas" e diz que a personalidade se fundamenta em "um específico e relativamente estável modo de organizar os componentes cognitivos, emotivos e comportamentais da própria experiência", computa para a cognição a capacidade de atribuir significados, o que, pensando fenomenologicamente, não é bem verdadeiro, uma vez que o significado não é atribuído apenas cognitivamente: ele resulta da experiência total da pessoa, envolvendo também os outros aspectos. Além disso, o significado se constitui com o fenômeno, não sendo atribuído a ele "de fora".

Neste trabalho, minhas reflexões trafegam em especial pelo campo da psicologia da personalidade, o qual trata da pessoa como um todo e das diferenças individuais, interessando-me mais o segundo tópico nas ponderações que seguem. Com isso, procuro compreender o comportamento humano por meio das maneiras e peculiaridades como cada indivíduo existe e faz contato na interação dos diversos aspectos que compõem seu todo, seu jeito complexo de ser. Para tanto, parto da compreensão do homem como um ser animobiopsicocultural, ou seja, composto por três níveis articulados – o corporal, o psíquico e o espiritual – vivendo em uma cultura que, por sua vez, é configurada social, geográfica e historicamente e compõe um campo que configura o ser humano, embora não o determine. Dessa forma, certos dados são estruturais na personalidade de cada um, dados esses que são entrelaçados pela intencionalidade na composição do sujeito humano. Fazem parte da estrutura da personalidade humana, entre outros aspectos: a sexualidade; as disposições genéticas; a possibilidade da emoção, do sentimento e do senso de identidade, da reflexão profunda sobre si, sobre a existência e sobre o mundo, bem como da hierarquização dos valores. Nesse modo de pensar, a corporeidade está especialmente representada pelas disposições genéticas e pela sexualidade, compondo, com a intencionalidade, o corpo vivido. Já o psiquismo está sobretudo presente na possibilidade de lidar com as emoções e os sentimentos, compondo a apropriação da realidade e o senso de identidade, enquanto a espiritualidade faz-se presente na possibilidade da hierarquização dos valores, nas decisões, na reflexão profunda sobre a existência e, fundamentalmente, na possibilidade – eu diria até na *necessidade* – que tem o ser humano de tecer um sentido para a sua vida, de ter um bom motivo para continuar vivendo (Bello, 2006; Pinto, 2009).

Minha experiência como psicoterapeuta fez-me ver que, ao lado do que podemos chamar de estruturas naturais da personalidade humana, há o que Laura Perls (1992, p. 138) denomina "uma segunda natureza": o modo característico de ser, o estilo de personalidade (caráter, na linguagem da época), o qual se constrói pela combinação da natureza dada com a existência vivida – em especial nos primeiros anos de vida – compondo um jeito de ser que não é necessariamente patológico e se mantém quase inalterado ao longo da vida. Esses padrões de comportamento que compõem o estilo de personalidade são, via de regra, egossintônicos.

Entendo o modo característico de ser, ou estilo de personalidade, como uma estrutura que é criativamente desenvolvida ao longo da vida por meio de defesas e ajustamentos criativos que permitem à pessoa lidar melhor com os estímulos internos e externos vividos por ela. O estilo de personalidade, genético e relacional, tem como função facilitar a lida com a realidade mediante certa forma padronizada de ser e agir. Somente sob circunstâncias ameaçadoras em demasia esse estilo pode cristalizar-se, gerando vivências psicopatológicas.

Só idealmente podemos conceber uma pessoa tão flexível que não tivesse um estilo de personalidade. Na lida cotidiana dos processos psicoterapêuticos, encontramos indivíduos que precisam flexibilizar seu estilo de personalidade. Ajudá-las nessa flexibilização é, no meu modo de ver, o limite da psicoterapia.

Penso não ser possível ajudar alguém a alterar seu estilo de personalidade – o limite da psicoterapia, qualquer que seja a abordagem utilizada, é auxiliar a pessoa a conhecer, integrar, aceitar e flexibilizar seu estilo de personalidade. A dissolução de um estilo de personalidade, a volta a uma natureza primordial, não é, nem pode ser, o propósito da psicoterapia, pois está além das possibilidades desse tipo de trabalho. A fronteira última da psicoterapia é a facilitação da conscientização, da aceitação e da flexibilização do estilo de personalidade do cliente. Isso é o que se chama, nas psicologias humanistas, "tornar-se o que se é".

Como bem afirma Beisser (1977, p. 112, grifos meus), "a meta da terapia passou a ser não tanto o desenvolvimento de um bom e fixo caráter, mas a capacitação do indivíduo para mudar com o tempo, *ainda que retendo alguma estabilidade individual*".

Conhecer e integrar o próprio estilo de personalidade significa experimentar limites e possibilidades de maneira que a pessoa se torne confiante nas previsões que faz de si, ao mesmo tempo que se mantém aberta a se surpreender consigo mesma. Além disso, requer a busca de um autoconhecimento tal que permita ter uma ideia suficientemente apurada das repetições às quais se propende, conseguindo assim transformá-las em escolhas. Dessa forma, em vez de ter as possíveis repetições como acidentes ou inevitabilidades, é possível conhecê-las e escolher, a cada momento, ceder a elas ou não. Desse autoconhecimento e da integração do estilo de personalidade depende a posterior aceitação do estilo, matriz da ampliação da possibilidade de flexibilização.

Quando falo em aceitação do próprio estilo de personalidade, não quero dar ideia de passividade, no sentido de que a aceitação possa ser algo semelhante ao conformismo. Longe disso! Aceitar o próprio estilo significa admitir que há lutas que se apresentarão por toda a vida, exigindo cuidados especiais e atenção crítica para que o infinito processo de autoatualização seja sempre o mais pleno possível – para que as mudanças alcançadas sejam frutíferas e duradouras; os obstáculos, enfrentados; a sabedoria, desenvolvida e colocada a serviço da vida. Assim, por exemplo, o egotista saberá que precisará sempre cuidar de sua dificuldade de ser empático em suas relações, tendo consciência disso a cada situação e buscando desenvolver cada vez mais sua empatia. De igual forma, essa mesma pessoa tratará de aperfeiçoar seu empreendedorismo e sua capacidade de liderança para colocar-se mais plenamente no mundo.

Aqui, é preciso deixar claro que o cliente não fica a par da denominação do estilo no qual se enquadra. Desse modo, ele não dirá: "Eu, como retrofletor que sou, preciso cuidar para não ser escrupuloso demais", mas: "Eu, tendo em vista o que conheço de mim, preciso me cuidar para não ser escrupuloso demais". Entre essas duas frases há uma diferença abissal, pois a primeira traz um risco de um molde ao qual se adaptar, ao passo que a segunda indica desvelamento e unicidade.

É preciso levar em conta que o desenvolvimento de determinado estilo de personalidade não impede o surgimento dos outros. O que se torna proeminente é o que caracteriza a pessoa, mas nada impede que ela se apoie em outros estilos (antes pelo contrário), a depender da situação e por determinado tempo. Na tipologia que estudo aqui, baseada no ciclo de contato, cada pessoa desenvolve um estilo de personalidade principal que a caracteriza, ficando as outras sete possibilidades como estados, acessíveis, cada um a seu tempo, quando a situação exige e a flexibilidade do indivíduo permite.

Essa flexibilização do estilo de personalidade pode se dar em duas direções igualmente importantes e não excludentes. Na primeira, tal flexibilização implica lutar contra as cristalizações, ou seja, lutar para que preferências não se tornem obrigatoriedades, as escolhas sejam feitas segundo a situação, não devido a um hábito anterior, e tradição seja referência, não compulsão. Mesmo tendo preferência por determinado restaurante e, nele, por determinado prato, uma pessoa de estilo retrofletor que esteja suficientemente atualizada encontrará prazer também em outro estabelecimento e/ou em outra iguaria, embora vez ou outra volte ao seu restaurante preferido para comer seu prato predileto.

Na segunda direção, a pessoa apoia-se nos estilos secundários quando a situação assim o exige; entrega-se ao estilo de personalidade solicitado pela situação tendo a confiança de que, no momento adequado, o caminho de volta ao seu estilo prevalente será encontrado. Nesse segundo caso, estou tratando da descontinuação como estado, o que explicarei mais adiante; porém, é preciso deixar claro desde já que esse apoio nos estilos de personalidade secundários é saudável quando o caminho de volta está aberto e disponível, e patológico quando tal via fica trancada, constituindo outra forma de cristalização. Uma pessoa de estilo confluente, por exemplo, estando atualizada, pode, por algum tempo, apoiar-se em sua capacidade de dessensibilização e fazer uma confortável viagem solitária. No entanto, ao fim da jornada adorará ter alguém com quem compartilhar a experiência. No caso de esse indivíduo ficar cristalizado na dessensibilização, tenderá a viver repetidos e ressentidos sentimentos de solidão e abandono.

Para compreender melhor esse tema, faz-se necessário diferenciar *estado* de *estilo de personalidade*.

Estrutura e processo

A PSICOLOGIA DA PERSONALIDADE ensina-nos que há na personalidade estabilidade, persistência e constância, bem como mudança, plasticidade e alterações ao longo do tempo e oriundas de experiências. Também se pode depreender que a personalidade é um sistema, ou seja, um todo complexo e dinâmico – sistema esse que pode ser percebido e estudado principalmente por meio do comportamento, incluindo pensamentos e sentimentos.

ELEMENTOS PARA UMA COMPREENSÃO
DIAGNÓSTICA EM PSICOTERAPIA

O sistema/personalidade tem essencialmente duas partes: estrutura e processo. Dizendo melhor, caracteriza-se por ser um complexo relacionamento entre estrutura e processo.

A estrutura da personalidade tende a ser constante. Trata-se dos padrões reincidentes, ou, no dizer de Messick (*apud* Pervin, 1978, p. 555), "são componentes da organização da personalidade relativamente estáveis, usados para explicar as semelhanças reincidentes e consistências do comportamento ao longo do tempo e através das situações". A estrutura possibilita certa previsibilidade na vida de cada pessoa e também o autoconhecimento, permitindo-nos falar em uma tipologia. Partindo dessa definição, compreendemos que nem toda repetição é neurótica ou baseada em uma "emergência crônica de baixo grau" (PHG, 1997, p. 73). Ao contrário, precisamos de alguma tendência à repetição, alguma estrutura, para que possamos nos organizar com criatividade ao longo do tempo e das situações vividas, para que possamos nos abrir com coragem aos processos.

Em constante diálogo com a estrutura está o processo, o outro componente do sistema/personalidade. Processo é o que se inova e se renova, é o momentâneo ou circunstancial. É o fluido. Traz a possibilidade da mudança, da surpresa, da inovação, provocando, ao longo do tempo, modificações em aspectos da estrutura da personalidade ou na maneira de expressar alguns aspectos dela.

Estrutura e processo são igualmente importantes no sistema/personalidade, e uma pessoa será, do ponto de vista psicológico, tão mais atualizada quanto melhor for o diálogo entre esses dois fundamentos. Tal diálogo lhe permitirá modificar-se constantemente ao longo da existência permanecendo sempre a mesma. Se pensarmos no famoso aforismo de Sócrates,

"Conhece-te a ti mesmo", veremos que, para ele, a estrutura é o ponto mais importante; se pensarmos na resposta do zen a Sócrates, "Não tu mesmo", veremos que a ênfase está colocada no processo. Do ponto de vista da psicologia da personalidade, somos estrutura *e* processo, sempre novos e potencialmente modificáveis, sempre os mesmos, embora diferentes. Assim, se o ideal é um bom padrão de autoconhecimento, como recomenda Sócrates, também ideal é que a pessoa não perca a consciência de que nunca está pronta, de que a vida traz contínua possibilidade de renovação/mudança, dentro de certos (e bastante elásticos) limites, como sugere a resposta do zen ao filósofo grego.

A compreensão diagnóstica do estilo de personalidade

NUM PROCESSO DIAGNÓSTICO É extremamente útil compreender o fundo, ou seja, o estilo de personalidade que fundamenta as relações e dá sustentação à queixa trazida pela pessoa (assim como sustentará também a retomada do desenvolvimento). Discutirei de agora em diante como o uso da tipologia fornece elementos para a compreensão diagnóstica, favorece a compreensão relacional, bem como mais consideração e respeito para com o cliente, e cria condições para que se aceitem as diferenças sem julgamento, possibilitando ajudar ao outro como ele necessita ser ajudado, e não segundo um padrão estereotipado de ajuda. Além disso, uma tipologia torna o psicoterapeuta atento às tendências psicopatológicas a que cada cliente possa propender, *sempre lembrando que não existem tipos puros – uma tipologia consiste em elementos referenciais para a compreensão diagnóstica.*

Como bem apontam PHG (1997, p. 250), por serem criativas as pessoas produzem "sua própria singularidade concreta reconciliando incompatibilidades aparentes e alterando o significado destas", de modo que o propósito da terapia é "ajudar o paciente a desenvolver sua identidade criativa por meio da passagem ordenada de 'caráter' para 'caráter'". Assim, numa psicoterapia bem-sucedida, o cliente consegue dispor da maneira mais ampla possível de todas as suas possibilidades de modos de ser, passando a se conduzir muito mais pelas situações que pelo padrão desenvolvido, como veremos adiante. Esse talvez seja o mais interessante paradoxo da utilização de uma tipologia em psicoterapia: buscamos compreender um padrão para ajudar a pessoa a flexibilizá-lo, descristalizando-o e reduzindo-o ao mínimo indispensável para que tenha acesso mais franco a seus recursos criativos. Vem desse paradoxo a necessidade de que a compreensão tipológica de um cliente seja aberta ao todo e, ao mesmo tempo, atenta ao padrão.

Ao ajudar a compreender as pessoas pelo uso de certos padrões universais com base nos quais se organiza a singularidade de cada indivíduo, a tipologia tem valor apenas se for utilizada como referência – pois, como vimos, nunca encontraremos um estilo de personalidade puro. Além disso, duas pessoas com o mesmo estilo podem ser muito diferentes em amplos aspectos da vida. Assim, a tipologia é uma redução, mas não pode ser um reducionismo. Não se pode dizer que se conhece alguém porque essa pessoa é de determinado tipo, segundo determinada tipologia, mas seguramente se pode afirmar que a compreensão de uma pessoa pode ser aprofundada se o terapeuta considerar, com a devida seriedade e o necessário cuidado, a estrutura que fundamenta a individualidade de seu cliente. Para conseguir tal compreensão, a atitude do terapeuta precisa ser flexível, nunca fechando um diagnóstico. Assim, na relação terapêutica, é marcante a necessidade de que a compreensão tipológica componha o fundo para que a situação terapêutica se imponha como figura, como nos adverte Buber (*apud* Hycner, 1997, p. 40, grifos meus):

> a realidade decisiva é o terapeuta, e não os métodos. Sem os métodos, se é um diletante. Sou a favor dos métodos, mas apenas para usá-los, não para acreditar neles. *Embora nenhum médico possa passar sem uma tipologia*, ele sabe que, em dado momento, a pessoa única do paciente está diante da pessoa única do médico; este joga fora tudo quanto pode de sua tipologia e aceita essa coisa imprevisível entre terapeuta e cliente.

Uma tipologia utilizada por alguns Gestalt-terapeutas é o eneagrama (Naranjo, 1997; De Lucca, 2012), abordagem que descreve nove tipos de personalidade; outros, entre os quais já me incluí, utilizam-se de outra tipologia, baseada no uso do DSM (Delisle, 1988, 1999, 2005; Greenberg, 1998; Vinacour, 1999).

O DSM é um manual de diagnóstico desenvolvido pela Associação de Psiquiatria Norte-Americana (APA, em inglês). Referência mundial na classificação e na compreensão dos sofrimentos psíquicos, serve sobretudo para criar uma linguagem comum entre os profissionais da área, a fim de que possam se comunicar com clareza independentemente de suas abordagens teóricas. O DSM propõe um roteiro para diagnóstico dos transtornos e dos traços de personalidade que pode ser utilizado como tipologia da personalidade.

Depois de muitos anos usando o DSM como referencial, aos poucos fui percebendo que temos na Gestalt-terapia um instrumento mais útil que ele, facilitando um diálogo com esse manual e, por meio dele, com colegas de outras abordagens. Falo do *ciclo de contato*, um dos conceitos fundamentais da abordagem gestáltica.

O diálogo que tento estabelecer, por meio do ciclo de contato, entre a Gestalt-terapia e o DSM encontra sentido, entre outros motivos, no cunho descritivo que encontramos nas diversas versões do manual, o que facilita um olhar fenomenológico para ele. Como afirma Delisle (1999, p. 16), no DSM não encontramos a preocupação com causas ou com a etiologia dos padecimentos ou dos estilos de personalidade, pois as categorias clínicas do manual, "com exceção das desordens nas quais alguma lesão do sistema nervoso central ocupa papel significante, estão baseadas mais em um critério descritivo que em inferências".

Ao buscar o diálogo entre o ciclo de contato e o DSM, apoio-me a princípio, embora não somente, nos trabalhos de Gilles Delisle, o qual fez interessante e rica leitura das descrições desse compêndio com base nos paradigmas gestálticos, buscando uma melhor sistematização do diagnóstico e do trabalho terapêutico em Gestalt-terapia. Acredito ser fundamental que um terapeuta saiba falar bem a própria linguagem para só então compreender melhor a linguagem homogeneizadora proposta pelo DSM.

Para Delisle (*ibidem*, p. 56),

a Gestalt-terapia é uma abordagem baseada no processo interessada em considerar cada ser humano em sua especificidade, e cada momento como efêmero e irreproduzível. Seus conceitos básicos não se prestam bem eles mesmos a categorizações e não é sem dificuldades que nós tivemos sucesso ao descrever os ciclos de experiência típicos de um cliente histriônico. Que seja. No entanto, o jogo vale o risco e até mesmo às custas de manchar nosso romantismo, nós temos que nos ajustar à necessidade de sistematização. Se a teoria da Gestalt-terapia possibilita a descrição de processos que acontecem na fronteira de contato, a qual é a expressão relativamente constante dos ajustamentos criativos de um indivíduo, consequentemente deve ser então possível usar um de seus conceitos para descrever tipos psicológicos cuja existência é reconhecida pela comunidade de terapeutas.

Quero ressaltar também que o diálogo entre a Gestalt-terapia e o DSM pode ampliar a comunicação entre psiquiatras e psicólogos. Isso porque tal diálogo, sendo uma leitura psicológica, preenche uma importante lacuna na formação de grande parte dos psiquiatras: a de que é importante compreender o ser humano para além de uma possível patologia, como uma totalidade de sentido. Em outra face, auxilia também os psicólogos a entender um pouco melhor o patológico na clínica, o que pode contribuir para um melhor andamento dos processos psicoterápicos.

Como vimos, uma das maiores virtudes do DSM é o fato de ele se esmerar em ser o mais descritivo possível, permitindo que as diversas abordagens em psicologia e em psiquiatria possam dialogar com base em uma referência comum. O DSM descreve, como veremos mais adiante, dez transtornos ou estilos de personalidade, e não trata de etiologias ou de compreensões dinâmicas desses estilos de personalidade, deixando-as a cargo de cada abordagem. Assim, partindo do ciclo de contato, desenvolvo aqui uma tipologia gestáltica que fundamenta o diálogo com os estilos de personalidade de que trata o DSM.

É importante deixar claro que não defendo que cada estilo que detalharei baseado no ciclo de contato seja o mesmo que o DSM descreve. Proponho o diálogo pensando em semelhanças, sem perder de vista que, mais que essa relevante aproximação, importa o desenvolvimento de um referencial gestáltico que seja facilitador de intervenções terapêuticas realizadas a serviço do cliente. Discutirei também a importância e a utilidade da compreensão dos estilos de personalidade para o psicoterapeuta e ampliarei a descrição dos estilos do ponto de vista gestáltico, visando torná-la mais útil ainda para os clientes.

Para que possamos continuar a linha de raciocínio seguida até aqui, farei um pequeno resumo do ciclo de contato, esclarecendo como utilizo esse conceito em meu trabalho terapêutico e na confecção do diagnóstico tipológico que proponho nesta obra.

3. O ciclo de contato

O CONCEITO DE contato é um dos mais importantes na Gestalt-terapia. O contato é necessário para que se formem *Gestalten* e refere-se à natureza e à qualidade da forma como nos damos conta de nós mesmos, de nosso ambiente e dos processos a ele relacionados. Somente existimos em um ambiente; estamos sempre numa relação organismo/campo por meio da qual realizamos ajustamentos criativos que nos possibilitam o contato com o ambiente. Nossa vida e nosso crescimento dependem de que, no contato com o ambiente, mantenhamos nossa diferença para com ele ao mesmo tempo que o assimilamos. É no contato com o ambiente que conhecemos diuturnamente o novo, assimilamos o novo assimilável, rejeitamos o novo não assimilável ou perigoso, ultrapassamos obstáculos ou somos detidos por eles, apropriamo-nos de nosso espaço no mundo. Dizem PHG (1997, p. 44): "Primordialmente, o contato é a *awareness* da novidade assimilável e o comportamento com relação a esta novidade assimilável; e a rejeição da novidade não assimilável. Aquilo que é difuso, sempre igual, ou indiferente não é um objeto de contato". Os autores prosseguem (*ibidem*, p. 45): "Contato, o trabalho que resulta em assimilação e crescimento, é a formação de uma figura de interesse contra um fundo ou contexto de campo organismo/ambiente".

Para Polster e Polster (1979, p. 104), "a fronteira de contato é o ponto em que a pessoa experiencia o 'eu' em relação àquilo que não é 'eu' e, através desse contato, ambos são experienciados de uma forma mais clara. [...] O risco da perda da identidade ou de separação é inerente ao contato. Nisto residem a aventura e a arte do contato". Mais adiante (*ibidem*, p. 105), eles apontam como função da psicoterapia "guiar as pessoas a uma recuperação das suas funções de contato", o que deixa claro que podemos correlacionar saúde e atualização com boa capacidade de contato. Ribeiro (1995, p. 41) completa esse raciocínio:

> O contato pleno envolve três subsistemas do nosso organismo: o sensorial, o motor e o cognitivo. Se um destes está fora de ação, o contato não se faz plenamente ou simplesmente não existe. Na razão, porém, em que se integram, a qualidade do contato fica mais definida, mais nutritiva e transformadora.

Para Perls (1977a, p. 85), bom contato significa que os indivíduos possam "ver a si mesmos como partes do campo total e daí relacionar-se tanto consigo quanto com o mundo". Além disso, contato saudável é móvel, não fixo, e depende do suporte ambiental e do autossuporte que a pessoa tenha a cada momento.

O limite no qual o indivíduo e o meio se tocam é denominado pela Gestalt-terapia de fronteira de contato. Só quando o indivíduo alcança a sua fronteira de contato e experiencia ao mesmo tempo estar ligado ao meio e estar separado dele – estando aberto ao novo, exposto a coisas ameaçadoras – ocorrem contato e possibilidade de modificação. É nos limites, nos pontos de contato, que a *awareness* se dá e determina os limites do campo pessoal.

O movimento dos seres vivos acontece por intermédio do ritmo entre contato e retraimento, como frisa Perls (1977a, p. 36) – para quem contato e retraimento, opostos dialéticos, expressam os nossos modos de lidar com os fenômenos: "Contato com o meio e retraimento dele, aceitação e repúdio ao meio, são as funções mais importantes de toda a personalidade".

A fim de compreender melhor como se dá o contato humano, desenvolveu-se em Gestalt-terapia o conceito de ciclo (ou espiral) de contato. Segundo Ginger e Ginger (1995, p. 255), o ciclo de contato é uma

> noção básica em Gestalt, desenvolvida por Goodman em sua *teoria do self*: ele distingue *quatro fases* principais em qualquer ação: o pré-contato, o contato (*contacting*), o contato pleno (*final contact*), o pós-contato (ou retração). Este ciclo foi retomado, com variações, em especial por Zinker, Polster, Katzeff etc. Este último distingue *sete fases*: sensação, tomada de consciência (*awareness*), excitação, ação, contato, realização, retração.

O ciclo de contato descreve o processo de formação e fechamento de figuras ao qual estamos sujeitos por toda a vida. Há, no entanto, uma discussão dentro da abordagem gestáltica que precisa ser apontada: o ciclo proposto por PHG é, fundamentalmente, relacional, voltado para o que acontece entre a pessoa e o campo. Com as adaptações propostas especialmente por Zinker e Polster, esse olhar para o círculo se volta também para o intrapsíquico, embora atenda plenamente ao lado relacional da proposta inicial. Assim, considero as propostas subsequentes à de Goodman, citadas por Ginger e Ginger, um avanço na compreensão do contato, na medida em que contemplam o relacional e o intrapsíquico, o subjetivo e o intersubjetivo. Desse modo, porque está claro que ao longo da história da

Gestalt-terapia foram propostos variações e aperfeiçoamentos para o conceito de ciclo de contato, é necessário esclarecer como concebo tal construto neste livro. Adotarei doravante a compreensão de Ribeiro (2007), fazendo uma adaptação para sustentar minhas ponderações. Ribeiro considera em seu modelo de ciclo de contato nove etapas, das quais retiro aqui a primeira, a fluidez/fixação, por entender que o ser vivo está sempre aberto ao contato, mesmo quando sua fluidez está muito reduzida.

Assim, considerarei aqui o ciclo de contato com oito etapas, a partir do momento em que a pessoa está aberta, fluida para novos contatos: a sensação, ou percepção corporal de alguma necessidade; a conscientização dessa necessidade; a mobilização para atender a essa necessidade; a ação proveniente dessa mobilização; a interação que essa ação provoca; o contato final movido pela necessidade; o fechamento proveniente desse contato final; e, por fim, a retirada, para que um novo ciclo se inicie, num processo ao longo de toda a vida. Alguns autores conceituam o fechamento do contato como satisfação, o que me parece inadequado, uma vez que esse fechamento pode se dar, por exemplo, pelo luto, o que não constitui satisfação no sentido mais comum do termo (Philippson, 1995, 1996).

Há um exemplo simples de como se dá esse movimento: a pessoa percebe certo incômodo na boca (sensação), toma consciência dele (conscientização), mobiliza-se e se levanta à procura de um copo de água (mobilização e ação), bebe a água (interação e contato final), percebe a satisfação da necessidade de água (fechamento) e se abre novamente para que uma nova figura emerja, enquanto a necessidade anterior passa a compor o fundo de onde sobrevirá a nova necessidade.

Obviamente, no dia a dia o conceito não tem essa linearidade, sendo antes amplo e necessariamente vago. Como bem afirma Ciornai (2005, p. 5), "não deixamos de ter sensações ao entrar na fase de *awareness*, nem de ter *awareness* na fase de contato, e assim por diante". A autora propõe, então, que se compreenda o ciclo de contato como "uma configuração em que todos os fatores estão presentes, mas que, em termos de relação figura-fundo, muda de 'foco' a cada etapa, ou seja, em diferentes momentos muda o que fica predominantemente como figura em nossa experiência".

Em termos de compreensão diagnóstica, esse modelo de ciclo de contato permite-nos entender como se dá o contato e também como ocorrem as descontinuações deste, também chamadas de bloqueios de contato ou de resistências. Prefiro o termo "descontinuação" porque ele parece descrever melhor o que acontece na experiência das pessoas, uma vez que o contato não deixa de existir e, portanto, não fica bloqueado – mas descontinuado, com seu ritmo quebrado e sua plenitude reduzida. Não gosto do termo "mecanismo" (em "mecanismo de defesa") porque entendo que ele se fundamenta numa visão muito cartesiana, a qual utiliza a máquina como metáfora para entender o homem, desrespeitando assim a enorme complexidade que somos.

Para cada etapa do contato há uma maneira de descontinuá-lo. Assim, a descontinuação para a sensação é a dessensibilização; para a conscientização, a deflexão; para a mobilização, a introjeção; para a ação proveniente da mobilização, a projeção; para a interação, a proflexão; para o contato final, a retroflexão; para o fechamento proveniente desse contato final, o egotismo; para a retirada, a confluência. A figura a seguir sintetiza essas ideias:

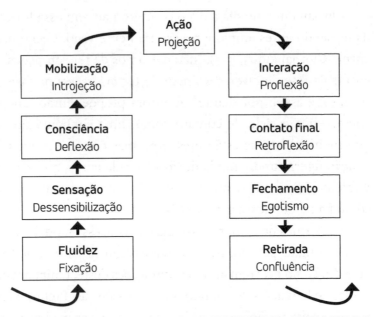

FONTE INSPIRADORA: RIBEIRO, 1995, P. 13.

As descontinuações como defesas

PONDERANDO SOBRE AS DEFESAS, Casarin (2007, p. 24) critica os teóricos que as veem somente como "fator oposto ao contato" e lembra que, além de "inteiramente necessárias", as defesas são benéficas: "Resistência é um fenômeno necessário, somente defensivo, com função e força de preservação. Sem resistência não pode haver contato. A resistência garante estrutura do corpo, da memória, da informação construída nas ações de contato".

Cada descontinuação pode se dar como uma defesa adequada às circunstâncias – ou, quando cristalizada ou repetidamente de amplitude desproporcional ao exigido pela situação, ser compreendida como defesa patológica. A qualidade da descontinuação sempre será avaliada levando-se em conta a situação e a história do cliente; o desejável é que, sempre que uma defesa seja requerida, ele utilize da descontinuação mais adequada para a situação, não necessariamente aquela na qual tem mais habilidade. Assim, por exemplo, é ótimo que a pessoa cuja deflexão seja a defesa mais comum use-a quando a situação assim exigir, sendo igualmente ótimo que ela use com desenvoltura outra descontinuação se esta outra for a mais adequada para dada situação. Contemporizar, uma forma de defletir, pode ser bom em alguns conflitos e desastroso em outros.

Entendo que cada descontinuação pode aparecer em três formas, não necessariamente excludentes – como ato, estado ou estilo de personalidade –, sendo saudável ou não de acordo com as circunstâncias. Deixarei mais clara essa distinção mais adiante, mas uma primeira definição faz-se necessária agora.

A descontinuação é um ato quando episódica, esporádica. Um exemplo é quando, em certa situação, retrofletimos para evitar uma discussão improdutiva com um superior hierárquico. Nesses casos, não há necessidade de intervenções psicoterapêuticas.

A descontinuação constitui um estado quando a pessoa se apoia nela em função de uma exigência situacional: em determinada condição, por determinado tempo, o indivíduo se vale de sua capacidade de flexibilizar seu modo de ser e vive aquela condição praticamente como se tivesse outro estilo de personalidade – ou apoiando-se em um estilo secundário –, mas logo precisará voltar a se apoiar em seu estilo de personalidade de base. Quando tal movimento é saudável, essa porta de passagem entre o estilo de personalidade e a descontinuação como estado permanece aberta e disponível para novas incursões. Porém, quando essa porta fica trancada, o apoio em um estilo de personalidade secundário pode se repetir de maneira cristalizada, constituindo uma situação patológica. Por exemplo, em determinadas depressões alguns indivíduos usam a introjeção repetidamente como defesa. Nesses casos, uma intervenção terapêutica os ajuda a desenvolver outras maneiras de lidar com o mundo, fazendo que abandonem essa postura introjetiva repetida e deixem de reagir depressivamente às situações.

Quando falo da descontinuação como estado cristalizado, estou tratando de sintomas, semelhante ao que faz o DSM ao conceituar as doenças mentais de instalação determinada independentemente do prognóstico. É parte do que chamo de compreensão diagnóstica da figura. A descontinuação cristalizada também aparece com frequência em apenas uma ou outra área da vida da pessoa – como o cliente que, na área da sexualidade, tem um discurso e uma prática cheios de introjeções, mas em outras situações da vida não se utiliza predominantemente da introjeção como descontinuação. Nesses casos, quando a descontinuação é um estado cristalizado, a psicoterapia pode ter efeito curativo, ajudando a pessoa a abandonar esse tipo de defesa patológica e a recuperar a capacidade de tê-la à mão somente nas situações em que ela for adequada.

Assim, a porta de passagem entre um estilo de personalidade e a descontinuação como estado é saudável quando possibilita o livre movimento de ir e vir a depender da situação, e patológica em duas formas – ao impedir que determinada descontinuação esteja disponível quando necessária ou impedir que a pessoa deixe de viver determinada descontinuação quando ela é inadequada. No primeiro caso enquadra-se a pessoa que não consegue vivenciar o egotismo numa situação em que ele é a melhor reação – como aqueles que por mais que tentem não conseguem fazer apresentações públicas mesmo precisando delas para se desenvolver profissionalmente. No segundo caso encaixam-se aqueles que, mesmo não tendo no egotismo seu estilo de personalidade, reagem com soberba em situações em que a humildade seria uma resposta mais ajustada.

A descontinuação constitui um estilo de personalidade quando se configura como fundamento da estrutura da personalidade, modo peculiar e habitual de estar no mundo, como mostrarei mais adiante. Nesses casos, uma intervenção terapêutica deve visar ao conhecimento (sempre pessoal e sem o rótulo, como já vimos), à compreensão, à flexibilização e à aceitação dessa estrutura, na medida em que ela, uma vez estabelecida, não poderá – salvo por milagre – ser intrinsecamente modificada pelo resto da vida.

É importante fazer um esclarecimento: quando digo que determinada pessoa tem um estilo de personalidade, um jeito preferencial de estar no mundo, não estou dizendo que esse é o único jeito. Do contrário, fugiríamos da premissa da psicologia fenomenológica de que o ser humano é um ser aberto.

As descontinuações

FAREI AGORA UMA DESCRIÇÃO sumária de como se pode compreender teoricamente cada uma dessas descontinuações, lembrando que elas tanto podem ser saudáveis quanto patológicas, a depender de como são acessadas. Mais adiante, quando eu tratar da tipologia que proponho aqui, explicarei em detalhe de que forma cada descontinuação aparece como parte da estrutura da personalidade.

Dessensibilização, como o próprio termo diz, é um processo pelo qual a pessoa se esfria, se atonia, diminui sua percepção sensorial com o fim de descontinuar um contato vivido como arriscado ou perturbador. A dessensibilização como ato aparece como defesa quando andamos por uma cidade grande: se não nos dessensibilizássemos, se estivéssemos atentos a tudo que poderia ser percebido, rapidamente entraríamos em colapso; então, nos dessensibilizamos para a maioria dos estímulos que nos atingem, abrindo-nos para aqueles que podem ser importantes ou atraentes. Como estado, a dessensibilização aparece como certa negação do corpo quando precisa enfrentar angústias mais profundas. Como estilo de personalidade, a dessensibilização se caracteriza, entre outras peculiaridades, por evitação ao contato mais efusivo, preferência pelo isolamento e certo distanciamento do próprio corpo e do corpo do outro.

Deflexão é a capacidade de sair pela tangente, desviando-se do perigoso ou do muito frustrante de maneira indireta, a fim de evitar um confronto mais franco ou profundo. Como ato, uma das deflexões mais comuns se dá pelo olhar: quando estamos próximos de alguém, de tempos em tempos precisamos defletir e olhar para dentro ou para os lados, para podermos retornar mais inteiros ao contato. Essa é a deflexão sadia, uma tomada de fôlego para continuar o contato. Como estado, a deflexão se caracteriza por um desvio repetido por algum tempo, como na vergonha (saudável) que ganha tempo para a elaboração da culpa ou para a energização para uma atitude ousada. Se essa vergonha permanece influente por mais tempo que o necessário para a elaboração, podemos falar em deflexão cristalizada. Como estilo de personalidade, a deflexão se caracteriza pela horizontalidade, por certa prodigalidade de contatos interpessoais que amplia o número e diminui a profundidade destes.

A *introjeção* aparece quando a pessoa incorpora normas, atitudes, modos de agir e pensar que não são, a princípio, verdadeiramente dela. É nossa maneira mais comum de aprender qualquer lição ou atividade. Quando saudável, a introjeção é seguida pela assimilação, ou seja, aquilo que estava introjetado é perpassado por uma atividade crítica e agressiva, a qual aceita algumas partes do aprendido e rejeita outras, até que haja uma incorporação e a parte assimilada se torne integrante daquela pessoa. Como ato, por exemplo, a introjeção aparece quando estamos aprendendo certa dança: a princípio prestamos atenção aos passos a fim de fazê-los como nos ensinaram, o que nos deixa até meio desajeitados. Com a prática, o movimento é incorporado, assimilado, de modo que passamos a nos mover de acordo com a música, o que torna nossa dança graciosa e única, mesmo que submetida a passos convencionados. Como estado, a introjeção se caracteriza pela dificuldade de realizar um ajustamento crítico e de usar a agressividade para separar o que é do outro do que é próprio – de modo que a pessoa acaba por engolir sapos, por manter em si comportamentos, atitudes, valores que não são exatamente seus, mas tomados de outros e não digeridos. É o caso, por exemplo, de definições sobre nós mesmos que ouvimos de nossos pais e seguimos repetindo pela vida afora como se fossem verdades inquestionáveis. Uma das sequelas mais importantes da introjeção no cotidiano das pessoas é a ansiedade, como bem destacam os Polster (1979, p. 86): "A pessoa que engoliu 'sem mastigar' os valores de seus pais, de sua escola e de sua sociedade [...] é um terreno fértil para a ansiedade e a defensiva quando o mundo à sua volta se transforma". Como estrutura, a introjeção favorece uma vida marcada por hesitações, pela ansiedade, pela dificuldade em ousar, pelo medo de ser ridicularizado. Ao mesmo tempo, a introjeção como estilo de ser possibilita uma postura diante da vida marcada pela evitação de riscos exagerados para a pessoa.

Na *projeção* há uma confusão entre o que é de fato da pessoa, de modo que ela atribui ao externo algo que é na verdade dela, ou, como dizem os Ginger (1995, p. 135), ela "transborda e invade o mundo externo". A arte pode ser um bom exemplo de boa projeção – assim como o amor, quando vejo no outro o belo que em verdade sinto entre nós. Já a projeção patológica caracteriza-se pela falta de percepção e de aceitação da responsabilidade por atos, desejos, atitudes, valores, os quais são, por isso, atribuídos ao outro. Como ato, o exemplo mais sonoro de projeção é o da fofoca, quando alguém atribui ao outro o pecado que gostaria de cometer, mas não consegue assumir a responsabilidade pelo próprio desejo. Se o introjetor diz *eu* quando quer dizer *eles*, o projetor diz *eles* quando quer dizer *eu* (Ribeiro, 2007, p. 62). Como estado, a projeção favorece certa alienação, uma desresponsabilização existencial tão necessária em momentos de *laisser-aller*. Como estilo de personalidade, ela facilita na pessoa uma atitude mais constante de vigilância e até de suspeita quanto ao mundo, lugar do que não cabe nela.

A *proflexão*, de certa forma, é uma união entre a projeção e a retroflexão, compondo um meio de defesa pelo qual a pessoa faz ao outro aquilo que gostaria que esse outro fizesse a ela. Essa descontinuação se caracteriza por um fluxo energético voltado para fora do organismo. Dessa forma, quando a proflexão é patológica, a pessoa praticamente passa a existir no outro; sua identidade depende do outro, sendo o autossuporte substituído pelo suporte externo. Isso gera sentimentos de isolamento e de abandono, além de vivência de comportamentos impulsivos derivados da insuficiência de um senso de realidade. Como ato, a proflexão pode, por exemplo, apoiar uma conduta delicada, respeitadora para com o outro. Como estado, facilita certa insegurança, sobretudo diante de escolhas mais importantes existencialmente. Como estilo de personalidade, encontramos uma tendência à impulsividade, uma dificuldade de coesão interna com os afetos, podendo, em situações extremas, propiciar a autoagressão.

Retroflexão é a capacidade de fazer voltar para dentro a energia que potencialmente deveria ir para o exterior. Trata-se de autocontrole por meio da vontade. É um fazer a si o que gostaria que os outros lhe fizessem, como na masturbação. Na retroflexão, é comum uma luta interna, um conflito entre entregar-se às situações ou manter-se atento e autocontrolado: "Uma retroflexão genuína está sempre baseada nessa cisão da personalidade e é composta de uma parte ativa e uma parte passiva" (Perls, 2002, p. 309). Como ato, a retroflexão propicia o autocontrole e o bom comportamento; como estado, pode ser sinal de luta com o corpo e seus desejos; como estilo de personalidade, fundamenta uma vida consciencíosa e metódica, de poucas ousadias.

O *egotismo* pode ser descrito como a forma pela qual a pessoa desenvolve um eu tão controlado e autossuficiente que pode anular o contato com os sentimentos e seu potencial transformador. A hipertrofia do eu e as condutas narcísicas têm relação com o egotismo. Como ato, o egotismo pode aparecer numa conduta arrogante. Como estado cristalizado, é geralmente ligado à presença de um dos pais sexualmente sedutor (Lowen, 1989; Delisle, 2005); como estado saudável, aparece no orgulho e na competição que permite sustentar e saborear posições alcançadas. Como estilo de personalidade, fundamenta, de um lado, grande parte do empreendedorismo e, de outro, grande parte da competitividade e da falta de solidariedade de nossos tempos.

Confluência é a capacidade de união com o outro. Possibilita a empatia, quando saudável, ou o fanatismo/dependência mórbida, quando patológica. Caracteriza-se, basicamente, pela capacidade de compor o "nós", que se contrapõe ao "eu". Espera-se que a pessoa, depois de compor o nós, possa voltar ao eu. Quando tal possibilidade está deficiente ou ausente, a pessoa se mantém no nós de maneira patológica, vivendo uma dependência do grupo ou do outro. Como ato, a confluência é um agregamento momentâneo, a entrega a outro(s), pessoas ou coisas ou entidades. Como estado cristalizado, caracteriza-se por um medo da solidão ou da individuação; como estado saudável, permite a vivência comunitária; como estilo de personalidade, se manifesta em serviço, controle e dependência.

O uso do ciclo de contato como tipologia

A MAIORIA DOS GESTALT-TERAPEUTAS que teorizaram sobre o tema toma cada descontinuação do contato como um estado – portanto, um processo, algo que pode ter um fim, o que me parece correto (PHG, 1997; Ribeiro, 2007; Ginger e Ginger, 1995). Esse tipo de uso do ciclo de contato já está consagrado na abordagem gestáltica. O que proponho aqui é um avanço, uma nova compreensão desse conceito clareador para a compreensão do ser humano: a possibilidade de perceber cada descontinuação descrita no ciclo de contato como base para um jeito predominante de ser, um estilo de personalidade, sem deixar de considerar cada um desses pontos como *também* um estado ou um ato. Cada descontinuação do ciclo de contato pode caracterizar um *ato*, momentâneo; um *estado*, quer dizer, uma alternativa ao estilo de personalidade; uma *estrutura*, ou *estilo de personalidade*, ou seja, uma forma de organização e de ação, um jeito de estar no mundo. Como estado, quando patológico, ele pode ser dissolvido e ultrapassado; como estrutura, compõe um padrão que precisa ser conhecido, compreendido, flexibilizado, aceito e apossado, como já comentei.

Espero daqui para a frente deixar ainda mais claro como a descontinuação do contato pode ser estado – alternativa ao estilo de personalidade ou cristalização anacrônica – e estrutura – jeito preponderante, mas não único, de estar no mundo. Para buscar essa clareza, tratarei das descontinuações como estrutura de personalidade. Entendo que a descontinuação como ato já está deveras elucidada com os exemplos que dei anteriormente.

Estrutura

Depois de ter lançado os fundamentos do conceito de estrutura de personalidade, quero retomá-lo aqui para fazer algumas considerações que me parecem relevantes do ponto de vista da psicologia fenomenológica.

Não compartilho da visão de alguns autores da Gestalt-terapia, como Philippson (1996), que criticam a possibilidade de sermos estrutura e processo, preferindo ver o ser humano sadio como só processo. No meu modo de ver, talvez essa postura advenha de certa falta de clareza quanto ao conceito de estrutura. De um lado, não devemos confundir estrutura com rigidez, com cristalização, por mais que uma estrutura possa se enrijecer, mas o fato de um avião poder cair não quer dizer que ele vá fazê-lo. De outro, esses autores, quando criticam a possibilidade de compreender o ser humano como composto por estrutura e processo, criticam a postura freudiana, mais especificamente a segunda tópica dessa corrente, a qual coloca ego, id e superego como estruturas da personalidade. É a esse tipo de estrutura que PHG se opõem, concebendo as funções do *self* – função ego, função id, função personalidade – como processos, visão que fundamenta toda a teoria gestáltica do contato e, por conseguinte, toda a abordagem gestáltica. Nesse segundo sentido, a mim também me parece que não cabe falarmos em estruturas internas como faz Freud em sua segunda tópica. Isso não quer dizer, no entanto, que não possamos falar em estrutura de personalidade, como discuto a seguir.

Cada um de nós desenvolve, ao longo da vida e especialmente nos primeiros anos, um modo peculiar de ser, uma identidade, a qual, mesmo permanecendo a mesma, muda com o tempo. Esse é o fundamento e o paradoxo da estrutura de personalidade, pois só podemos mudar se houver algo que permanece, de modo que é a estrutura que possibilita a plasticidade e o crescimento. Se fôssemos só processo, não poderíamos mudar, pois para que se percebam as mudanças são necessárias as fronteiras, os limites que dão contorno. Desde muito cedo o ser humano descobre e mantém uma constância de comportamento, o que está longe de ser necessariamente rigidez, acomodação ou pusilanimidade. Assim, em função dessa plasticidade da estrutura de personalidade, por exemplo, o indivíduo introjetor poderá, ao ter consciência dessa peculiaridade, colocar-se de maneira mais crítica sempre que se sentir rejeitado, ampliando, desse modo, sua capacidade de assimilação agressiva dos eventos vitais.

Assim, a estrutura de personalidade é algo plástico, flexível, em constante reorganização e atualização, com elementos novos se misturando a antigos, de modo a que a pessoa possa mudar ao longo da vida permanecendo a mesma. Se há certo padrão de comportamento configurado pela estrutura, isso não quer dizer rigidez, mas constância; não quer dizer fixação, mas referência; não quer dizer alienação, mas limitação.

É certo que a estrutura pode se enrijecer, e aí configuraremos um transtorno de personalidade, ou uma neurose. Nesse caso, a vida impôs ao indivíduo dificuldades tais que só lhe restou como alternativa transformar referência em fixação, suporte em estagnação, renovação em fonte de aprisionamento. Quando não é estrutura, mas estado, a descontinuação do contato pode se dar pela cristalização em uma descontinuação que não é a estrutural, mas secundária; nesses casos, ela pode ser revertida por meio do processo psicoterapêutico. No caso da cristalização da estrutura, o que se dissolve na psicoterapia é a cristalização, não a estrutura, como explicarei mais adiante.

Quanto mais saudável é a pessoa, menos previsível comportamentalmente ela é, mas alguma previsibilidade faz-se necessária para garantir que haja uma continuidade, uma história. Desse modo, quanto mais saudável é a pessoa, mais difícil se torna identificar seu estilo de personalidade preponderante, embora este se imponha no cotidiano. Dizendo de outra maneira: quanto mais neurotizada está a pessoa, menos flexibilidade ela tem, mais previsível ela se torna, menos ela explora os outros modos de ser não predominantes nela, mais dificuldade ela tem de reagir à situação presente, mais ela se estereotipa. Quanto mais atualizada está a pessoa, mais ela pode reagir à situação que se apresenta com o estilo de personalidade requerido naquele momento, embora mantenha uma inclinação por determinado padrão e saiba que, ao se apoiar num estilo de personalidade secundário, o faz de maneira temporária, ainda que confortável. Assim é que, por exemplo, um indivíduo egotista estará pronto para a ação e para novos contatos mesmo depois de ministrar um longo curso a um grupo, ao passo que um retrofletor, após ministrar o mesmo curso, necessitará de um tempo de recolhimento para se abrir plenamente a novos contatos.

Ao pensar, com Terêncio, que "nada do que é humano me é estranho", reafirmo que toda pessoa pode viver cada um dos estilos existentes, a depender da situação. Mas, embora possamos potencialmente ter à mão cada um deles, há um que se impõe e exige nossa volta a ele, sob pena de intenso sofrimento e inautenticidade. Assim, o indivíduo saudável é aquele que vive com ampla aceitação o estilo de personalidade que lhe exige a situação, mas fica confortável de fato quando tal situação demanda seu estilo de personalidade predominante. Mesmo tendo personalidade confluente, a pessoa pode tornar-se autônoma, mas de tempos em tempos necessitará que alguém em quem confie lhe diga que ela é capaz de sustentar sua autonomia. Da mesma maneira, o defletor saudável saberá colocar-se na coxia quando isso for conveniente, mas pisará o palco tão logo tenha a oportunidade.

Fazendo um paralelo com a imagem de um rio, a estrutura é o que lhe permite seguir até o mar; nesse caminho, o rio encontrará barreiras e barragens, as quais estorvarão seu livre fluxo. Muitas delas podem ser dissolvidas para que o rio continue seu processo, mas ele nunca poderá, por si só, subir uma montanha. Da mesma forma, com o ser humano, podemos, em um processo psicoterapêutico, dissolver as descontinuações do contato que são estado cristalizado (barreiras e barragens), mas não podemos fazer uma pessoa deixar de viver o estilo de personalidade que a define.

Nesse último caso, o trabalho de fato terapêutico é aquele que facilita a autoaceitação, a possibilidade de mudar mantendo-se o mesmo, de conhecer-se permanecendo aberto para surpreender-se consigo, a flexibilidade existencial. Ao mesmo tempo, possibilita ao cliente conhecer os outros estilos que têm em si para que possa lançar mão deles nas situações que assim exigirem, sabendo que isso não o tornará esse outro estilo de personalidade. Por exemplo, uma pessoa retrofletora muitas vezes sonhará em entregar-se ao momento de maneira até inconsequente, como faz com naturalidade o profletor. A terapia o ajudará a soltar-se a ponto de viver assim impulsivamente em algumas situações, mas logo ele necessitará retomar algum controle sobre si. O outro estilo de personalidade torna-se um recurso, uma roupa que se coloca para determinada ocasião e pode até ser muito confortável, adequada e bonita, não tendo porém o mesmo sabor da nudez na intimidade.

Esse tipo de uso que proponho para o ciclo de contato permite-me compreender o jeito de ser e a experiência do cliente; facilita minha compreensão de como ele se relaciona consigo e com o meio; ajuda-me a apressar a compreensão de suas virtudes, de suas faltas e de suas necessidades. Enfim, ilumina o caminho entre a percepção e a compreensão da originalidade de meu cliente e a percepção e a compreensão do que ele tem de comum com outros seres humanos, trajeto básico para um diagnóstico bem-feito. Como todo instrumento psicológico, também uma tipologia baseada no ciclo de contato não esgota a compreensão do cliente. A experiência do cliente é maior que qualquer diagnóstico que se possa fazer dele.

O ciclo de contato é um instrumento, um recurso, uma ferramenta que se coloca a serviço da relação dialógica – esta, sim, o coração do trabalho terapêutico. Utilizado da maneira como proponho, não pode ser visto como uma camisa de força ou uma gaveta onde se deva encaixar cada pessoa em nome de uma suposta uniformidade. Esse uso da tipologia não ameaça nem substitui a originalidade de cada cliente. Ao contrário, realça-a no encontro terapêutico.

Quando utilizo o ciclo de contato para fazer a compreensão diagnóstica, busco compreender o fundamento, a estrutura e o processo em que se apoia o sofrimento denunciado pelo cliente. Entendendo-o como uma tipologia, ao diagnosticar, trabalho com o que o estilo de personalidade apresenta não somente no sentido de transtorno ou de patologia, mas de uma posição existencial. Forneço a seguir um exemplo disso.

Em épocas diversas, ouvi de três clientes, todos adolescentes, a mesma queixa; um tinha por volta de 14 anos e os outros dois estavam perto dos 20. Nenhum deles experimentara o primeiro beijo na boca com uma garota. Cada um tinha um estilo de ser e viveu essa questão de uma maneira que, se não determinada pelo estilo, configurada por ele. O mais jovem nunca havia beijado porque se o fizesse se sentiria na obrigação de namorar, o que não queria; o segundo, com uma calvície bem adiantada para a idade, não beijara ainda porque "ninguém ia querer beijar um careca"; o terceiro não beijara porque não sabia como fazê-lo. O mesmo "problema", vivências bem diferentes, em grande parte devido ao estilo de personalidade de cada um. O primeiro, de estilo retrofletor, prendeu-se a uma excessiva responsabilidade moral; o segundo, introjetor, temia ser rejeitado; o terceiro, dessensibilizado, não tinha ainda se apropriado o bastante do seu corpo para conhecer a melhor maneira de realizar esse gesto amoroso, o beijo na boca. Com cada um adotei uma postura terapêutica: o trabalho com o primeiro foi no sentido de ajudá-lo a se tornar um pouco mais ousado e experimentar o ficar como alternativa amorosa; no segundo caso, procurei ajudar o cliente a enfrentar o medo da rejeição; no terceiro, busquei ajudá-lo a conhecer melhor suas reações corporais e ampliar o sabor conhecido do beijo na face para a descoberta do sabor do beijo na boca. É óbvio que não se pode fazer um reducionismo e dizer que essas vivências foram determinadas pelo estilo de personalidade; também é óbvio que essas vivências foram configuradas pelo estilo de personalidade somado a outros fatores. Vale salientar que, assim como nesses casos a compreensão diagnóstica do estilo de personalidade deu um referencial para uma atitude pontual em terapia, ela também é um instrumento eficaz para ajudar o terapeuta a compor a estratégia básica de toda a terapia, fundamentando os propósitos e os caminhos possíveis para o trabalho e orientando-o sobre a melhor maneira de se portar na relação terapêutica a fim de ser o mais útil possível para seu cliente.

Trabalho com os estilos de personalidade de maneira muito parecida com a que Greenberg (1998, p. 1) lida com o que ela denomina "*Gestalten* interpessoais". Diz ela que podemos reconhecer essas *Gestalten* interpessoais pela observação do que habitualmente é figura para a pessoa em suas relações, pois essas *Gestalten* têm relação com a maneira como o campo é organizado, a composição pessoal entre figura e fundo que define o papel de cada um nas interações: "Como nós queremos ser vistos e tratados pelo outro, como esperamos nos sentir durante a interação, e o que nós secretamente almejamos ou tememos da outra pessoa". Para Greenberg, a *Gestalt* interpessoal tem que ver com a formação figural, isto é, aquilo que se torna figura para nós, de modo que somos "especialmente responsivos tanto a questões interpessoais que parecem prometer o cumprimento da maioria de nossos desejos e necessidades quanto o que desperta nossos medos interpessoais mais profundos".

Ao fazer essa análise da personalidade do cliente, não estou interessado em determinar a presença ou a ausência de uma enfermidade, mas em compreender um jeito de ser, um estilo de lidar com as relações, com a vida e com as questões existenciais, um estilo de fazer contato. Nesse processo, procuro antes olhar para a saúde que para a doença, para o que o cliente traz de criativo mais do que para de problemático – visando, assim, ampliar o sentido de cooperação necessário no processo terapêutico.

Por fim, é importante salientar que, assim como o terapeuta tem um estilo de personalidade básico, também os clientes o têm; assim como o terapeuta aprende seletivamente, baseado em quem ele é, também o fazem os clientes. Dessa maneira, o que precisa ser modificado é o que porventura haja de cristalizado, e não o estilo de cada um. É preciso ainda lembrar que diferentes estilos reagirão a diferentes agentes catalisadores como indutores de mudança (Denes, 1980).

4. Os estilos de personalidade

DAQUI PARA A frente, partindo de traços que elegerei como facilitadores para o psicoterapeuta, apontarei como os estilos de personalidade podem ser compreendidos com base em um referencial gestáltico, o ciclo de contato. Entendo que em Gestalt-terapia cada modo de ser apoia-se preferencialmente em uma defesa, em uma descontinuação do contato, o que caracteriza o estilo de personalidade na linguagem gestáltica. Descreverei as principais características de oito modos de ser, definidos nas descontinuações do ciclo de contato conforme concebido por Ribeiro (2007) e adaptado por mim. Assim, temos as personalidades dessensibilizada, defletora, introjetora, projetora, profletora, retrofletora, egotista e confluente. É interessante destacar, para possíveis pesquisas posteriores, que provavelmente esses estilos de personalidade são polares e formam pares complementares: a personalidade dessensibilizada se opondo à defletora; a introjetora à projetora; a profletora à retrofletora; a egotista à confluente. Tal polarização ajuda-nos a compreender muitos dos amores e dos ódios "gratuitos" que testemunhamos ou vivenciamos pela vida afora.

Para facilitar o contato do Gestalt-terapeuta com os colegas de outras abordagens, farei também uma aproximação com os estilos (ou, quando cristalizados, transtornos) de personalidade conforme descritos no DSM. Assim, se tomarmos por referência esse manual, a personalidade paranoide se assemelha ao projetor; as personalidades esquizoides e esquizotípicas caracterizam pessoas dessensibilizadas; a personalidade *borderline* se parece com a proflexiva; a histriônica se assemelha ao estilo deflexivo; a narcísica e a antissocial se aproximam do egotista; a esquiva se assemelha ao introjetor; a dependente, ao confluente; a obsessivo-compulsiva, ao retrofletor.

Ao fazer essa aproximação, não estou tentando trazer a perspectiva do DSM para a Gestalt-terapia; ao contrário, minha intenção é possibilitar ao gestaltista a compreensão do DSM em seus próprios termos, de modo que possa se comunicar melhor com os profissionais da área. Como em toda tentativa de diálogo entre referenciais diferentes, é importante lembrar que semelhança não quer dizer igualdade; o que faço aqui é uma analogia, e para o gestaltista deve prevalecer sua compreensão dos estilos, como veremos adiante.

Embora o DSM aponte assimetrias entre os estilos esquizoide e esquizotípico, penso que entre eles há mais semelhanças que diferenças: ambos apoiam-se sobretudo na dessensibilização, por isso os reúno em um único estilo de personalidade. No caso do narcisismo, creio, com Lowen (1989), que o estilo antissocial é o narcisista muito adoecido; por isso os reúno aqui no egotista.

Cada um desses estilos ilumina, entre outros aspectos, um propósito amplo para o processo terapêutico, o que, por sua vez, orienta o terapeuta em seu trabalho. Além desse propósito amplo, cada estilo exigirá do terapeuta um cuidado específico no que diz respeito à comunicação (verbal e não verbal), ao tato, ao acolhimento, à confrontação etc.

No que se refere ao propósito amplo da psicoterapia para os estilos de personalidade, cada um deles demandará um tipo de mudança, uma rota no caminho da flexibilização (Delisle, 1988, 1999, 2005). Assim, o norte para as pessoas dessensibilizadas passa por uma reapropriação corporal; para o introjetor, pela ampliação da capacidade crítica e da agressividade; para o defletor, o norte é a possibilidade de se aprofundar mais; para o projetor, busca-se mais distanciamento entre os aspectos emocionais e os cognitivos, a fim de ampliar a crítica ao vivido e o tempo de reação a cada emoção percebida; para o estilo proflexivo, o norte é a ampliação do autoconhecimento como forma de se diferenciar do outro e de buscar guiar-se mais por si; para o retrofletor, o norte são a liberdade e a soltura, sobretudo a corporal; para o egotista, é a ampliação da capacidade de empatia e de humildade; para o confluente, a possibilidade de ampliação da autonomia. Embora cada norte sirva a todas as pessoas, afirmo que há, para cada estilo de personalidade, um sobressair das finalidades apontadas.

Quando digo que para cada tipo de personalidade há um trajeto já esboçado (e apenas esboçado), isso nos obriga a prestar ainda mais atenção às diferenças individuais. O apontar de caminhos que se pode depreender do estilo de personalidade de cada cliente é feito *grosso modo*, devendo ser especificado cuidadosa e continuamente para cada cliente em cada momento do processo terapêutico. Vale repetir que não se podem enquadrar os indivíduos em um estilo "puro" de personalidade, embora sempre haja um modo de ser prevalente. De maneira geral, tenho observado que, além deste, existe outro que se pode denominar de "primeiro auxiliar", os dois demandando especial atenção por parte do psicoterapeuta ao fazer o diagnóstico de fundo.

O trabalho de compreensão diagnóstica obriga o psicólogo a ampliar seus conhecimentos, com a finalidade de reduzir preconceitos e se abrir para uma compreensão verdadeira e sustentável do cliente. Esse tipo de cuidado é importante para o psicoterapeuta sobretudo na feitura da compreensão diagnóstica de seu cliente, para que não se pratique nenhum tipo de reducionismo fundamentado em preconceitos. No meu modo de ver, a postura do profissional ao fazer a compreensão diagnóstica é aquela que Paulo Barros (Porchat e Barros, 2006, p. 140-41) traduz da seguinte maneira:

Para mim, ser terapeuta supõe um interesse humano muito grande, um interesse pela pessoa que está diante de você. Supõe um interesse pelas coisas humanas e uma disponibilidade para perceber o que está acontecendo com a pessoa, uma curiosidade especial e específica a respeito da pessoa em questão. [...] É fundamentalmente um interesse genuíno em relação às coisas humanas.

Como bem afirma Naranjo (1997, p. 25), "o estilo de personalidade é uma complexa estrutura que se poderia representar sob a forma de uma árvore, na qual os comportamentos distintos são aspectos de comportamentos mais gerais [...] esses diversos traços de natureza mais geral podem ser compreendidos como expressão de algo mais fundamental". Para descrevermos um estilo de personalidade precisamos definir traços, ou seja, categorias para a descrição e o estudo ordenado de pessoas, pois o conceito de tipo/estilo refere-se ao aglomerado de vários traços diferentes. Como me dirijo sobretudo aos psicoterapeutas, descreverei de maneira sumária cada estilo de personalidade tendo por base traços que têm relação muito próxima com a psicoterapia. Não custa reafirmar que o todo é diferente da soma de suas partes, o que quer dizer que a simples reunião desses traços que descreverei não constitui o estilo de personalidade, mas a configuração deles. Para o profissional, tal configuração pode ser percebida no contato próximo com o cliente que a psicoterapia proporciona

– contato que se aprimora ao longo de diversas sessões e se fundamenta fortemente, mas não apenas, na intersubjetividade e na intuição do terapeuta.

Seguirei nessa descrição a ordem do ciclo de contato, conforme a figura do Capítulo 3 (p. 54), apoiando-me sobretudo nos seguintes traços, não necessariamente nessa ordem: palavra-chave e mote; corporeidade; cognição; contato interno; sociabilidade; afetividade e sexualidade; sabedorias; participação cultural, em particular profissão e lazer; religiosidade; especificidades na psicoterapia. Em todas as descrições, dialogo especialmente com os textos de Delisle (1988, 1999, 2005).

As *palavras-chave* e os *motes* que usarei servem para realçar as características mais comuns em pessoas de cada estilo de personalidade. Por *corporeidade* entendo a maneira como o indivíduo tende a vivenciar o próprio corpo. *Cognição* refere-se ao modo como a pessoa costuma organizar seus pensamentos e suas reflexões. Quando falo em *contato,* refiro-me ao ritmo mais comum de alternância entre contato interno e externo, além da maneira peculiar de cada estilo de personalidade fazer contatos – sobretudo interpessoais, os quais, dada sua importância, aparecem na categoria *sociabilidade,* especialmente aqui com as peculiaridades na participação em grupos. Em *afetividade e sexualidade* descrevo a maneira predominante com que cada estilo de personalidade lida com os sentimentos e com a sexualidade. As *sabedorias* são aquelas questões para as quais a pessoa se mostra mais habilidosa em função de seu jeito de ser. Quando se trata do traço ligado à participação cultural, darei mais atenção às *escolhas profissionais e de tipo de lazer* predominantes em cada estilo. A *religiosidade* vem se tornando uma característica humana cada vez mais considerada na psicoterapia, entre outros motivos porque a ma-

75

neira como cada um a vivencia e se relaciona com a divindade traz informações essenciais sobre como lida com sua espiritualidade, isto é, com sua capacidade de criar valores, ter horizontes, dar sentido a suas vivências. As *especificidades na psicoterapia* dizem respeito à relação e à situação terapêuticas, com ênfase nos cuidados que cada estilo de personalidade necessita do terapeuta.

O dessensibilizado

O PRIMEIRO ESTILO DE personalidade que compete estudar agora é o das pessoas dessensibilizadas, ou seja, que manifestam descontinuações mais comumente no início do ciclo. Assemelham-se, nos critérios do DSM, às personalidades esquizoide e esquizotípica, nas quais é flagrante a base da dessensibilização, ainda que tenham sentidos diferentes: no primeiro caso, tal dessensibilização volta-se prevalentemente para o coletivo-comunitário; no segundo, para o misticismo. A característica mais marcante dessas pessoas é certa tendência à solidão, até mesmo necessidade dela para se sentir bem. Por isso, a palavra-chave aqui é "solidão". O mote para essas pessoas poderia ser resumido na expressão "o mínimo possível", pois parecem se contentar com o mínimo possível nas diversas áreas da vida: o mínimo possível de contatos, de afetos, de trabalho, de terapia. Costumam também ser pessoas originais e, de certa forma, marginais – em virtude da necessidade de solidão, ficam um pouco à parte da sociedade, não se inserindo em grandes grupos, a não ser e eventualmente os marginalizados.

O contato corporal é quase sempre pouco desenvolvido, de modo que essas pessoas parecem não ter grandes apetites nem abertura para os prazeres, reagindo de maneira fraca ou desajeitada às tentativas dos outros de proximidade afetiva ou corporal. Em geral seus contatos têm pouca intensidade, aparentemente mais distantes. Em função disso, parecem pessoas um tanto desligadas, motivo de queixas de quem convive com elas. Paradoxalmente, a maneira mais comum como perturbam o ambiente é não se perturbando, quer dizer, esfriando-se. Embora tendam a buscar a solidão, podem se ressentir desse isolamento e também levar os outros a se sentir sós. Temem a intimidade e o confronto.

Por tenderem a certa negação do corpo, costumam ter tônus fraco, pouca energização corporal e, em decorrência disso, dificuldade de manifestar intensamente as emoções e de mostrar graciosidade em seus movimentos. Sobretudo nesse quesito, vivem plenamente "o mínimo possível". É raro apresentarem moléstias físicas, como se o contato corporal empobrecido os protegesse de perceber doenças ou de desenvolvê-las, em especial as mais comuns, como gripes, dores de cabeça e dores musculares. Por vezes, um dos primeiros sinais que dão do progresso na terapia é um adoecimento corriqueiro, como os citados, o que deve ser comemorado pelo terapeuta.

Os dessensibilizados tendem a ser passivos e a ter pouco contato com as sensações de prazer e de dor, vivenciando-as o mínimo possível. O fato de serem mais dotados para a solidão não os torna, no entanto, pessoas com pouca capacidade afetiva: é difícil para eles mobilizar-se pelos afetos, de modo que acabam parecendo frios sem que de fato o sejam. Parece haver uma crosta corporal defensiva que, como efeito colateral, produz certa falta de vivacidade na expressão e de agilidade, a qual, muitas vezes, não condiz com o que é sentido. Sexualmente, tendem a mostrar-se pouco interessados e pouco interessantes, mantendo, sempre que possível, sua sexualidade escondida, como que prescindível. Sentem, mas têm dificuldade de externar seus sentimentos – parece que falta cor à vida deles.

No que diz respeito à cognição, tendem a ser mais concretos, ficando mais atentos aos aspectos factuais da comunicação que aos abstratos, com pouco interesse pela expressão simbólica; aparentam ter pouca curiosidade; não raro têm pensamentos místicos ou buscam no misticismo a melhor forma de expressão de seus afetos e de suas ideias. Em geral, relacionam-se com a divindade por meio do isolamento, da negação do corpo ou de sua imolação, além de utilizar-se dos pensamentos mágicos.

Não é incomum encontrarmos nessas pessoas, sobretudo quando deprimidas, um intenso senso de ironia, um humor ferino que, não raro, isola-as ainda mais. Tendem a se dar melhor profissionalmente nas atividades que não exigem muito contato interpessoal ou não o exigem tão aprofundado. Assim, encontramos entre as profissões mais comumente escolhidas por esses estilos a contabilidade, a informática, a psiquiatria, a vigilância noturna, a direção de caminhões ou de coletivos. O isolamento também se manifesta nos passatempos preferidos; assim, o dessensibilizado preferirá a pescaria ao jogo de futebol, o cinema ao carteado, a visita a um museu a um jantar familiar.

Em virtude dessa tendência à solidão, essas pessoas costumam ter uma rede social pequena e/ou de pouca vinculação afetiva. Para elas, muitas vezes é preferível um contato pelo computador ou pelas redes sociais que pessoalmente; assim, é mais comum terem grupos de pertinência virtuais do que presenciais.

Parecem não cuidar das roupas que usam, como se não lhes importasse ser bem-vistos, embora possam se vestir com certa excentricidade, mas sem o intuito de provocar aos outros ou à comunidade. É bastante comum em indivíduos com esse modo de ser a presença de ideais a respeito da vida social, o que muitas vezes os leva, por paradoxal que pareça, ao engajamento em ações sociais, seja pela política, pela religião ou por iniciativas que atinjam pessoas que efetivamente precisam ser ajudadas. À diferença dos empreendimentos egotistas, para os dessensibilizados a admiração e os elogios que recebem mais incomodam que agradam, chegando às vezes a ser doloridos.

Se pensarmos que cada estilo de personalidade traz sabedorias especiais, as mais marcantes das pessoas dessensibilizadas são: a capacidade de distanciamento, a qual lhes possibilita agir sem impulsividades e manter uma atitude de observação e crítica ao cotidiano cultural; certo estoicismo, que lhes permite passar com menos danos pelos infortúnios da vida; a capacidade de suportar a solidão (e até de gostar dela), que lhes oferece aberturas para experiências pouco comuns; o humor sarcástico, o qual lhes permite defender-se de intrusões ameaçadoras; a obstinação, que pode resultar em importantes progressos.

Em terapia, apresentam-se, de certa forma, refratárias ao toque, embora não sejam formais – apenas parece que lhes agrada ser tocadas o mínimo possível. Na maioria das vezes, sua queixa inicial está ligada à ansiedade e ao desejo de solidão mal compreendido por si ou pelo ambiente. Têm uma expressão verbal empobrecida, tendendo a usar poucos verbos ativos e pouca emoção nas descrições do vivido, manifestando-se de forma mais generalista, vazia, neutra. Não raro esses indivíduos parecem falar apenas para si mesmos, evitando assim um contato mais intenso com o terapeuta. Costumam narrar a própria história de maneira pouco interessante, desprovida de detalhes e de afetos. Não à toa, Delisle (1988, p. 13) afirma que, com esses clientes, "a hora será longa". Demoram muito, quando o conseguem, para se vincular ao terapeuta, o que exige do profissional paciência e cuidado para não invadi-los, pois sob a crosta de aparente frieza há um coração frágil e delicado, que teme não ser compreendido. Um córrego de afetos já é suficiente para afogá-los. Em função disso, fazem grande esforço para se sentir independentes do terapeuta, como se, paradoxalmente, mesmo na terapia buscassem isolamento. A reação mais comum que esse estilo provoca no terapeuta é certa frieza e até a presença de pensamentos místicos. Em virtude dessa aparente frieza e da sensibilidade que ela protege, o uso de exercícios gestálticos com essas pessoas deve ser muito cuidadoso, com atenção delicada ao seu autossuporte, a fim de não forçá-lo em demasia.

Como precisam desenvolver, sobretudo, um melhor contato corporal para que possam se sensibilizar, é bom que na terapia se trabalhe, lenta e pacientemente, a ampliação da sensibilidade corporal, em especial da propriocepção. Exercícios simples, como o de sugerir que o cliente se perceba corporalmente durante o banho, que procure notar odores nos ambientes ou discriminar sabores na alimentação, ajudam muito. Em paralelo, a capacidade de ampliar e aprofundar as redes sociais pode ser incentivada, também com delicadeza. É possível, ainda, ajudar o cliente a ampliar sua capacidade de ter uma vida mais ativa, tentando ir um pouco além do mínimo possível nessas áreas. Cognitivamente, quando a terapia consegue auxiliá--los a transformar o humor ferino em aguda capacidade crítica, os dessensibilizados alcançam *insights* valiosos para si e para aqueles com quem convivem. Todas essas possibilidades de melhora da qualidade de vida com a psicoterapia têm, a meu ver, uma raiz fundamental: a ampliação da capacidade de validar as vivências corporais e, assim, ir ao mundo com confiança em seu direito de ocupar espaço. Por fim, é importante frisar que demandam do terapeuta a delicada capacidade de perceber que muitos alimentos deliciosos e nutritivos são cozidos em banho-maria.

Em minha prática clínica encontrei inúmeras vezes clientes com esse estilo de personalidade. Noto hoje que minha colaboração para a maioria dos fracassos na terapia com essas pessoas se baseou em um desejo exagerado de ajudar, o qual me fez invadir o cliente com minhas expectativas de que ele melhorasse para além do que ele próprio podia suportar. Nos casos de sucesso, percebo que minha principal virtude foi a habilidade de esperar, como quem caminha por uma calçada de mãos dadas com uma criança, que o cliente se aproximasse de mim e de si no seu devido tempo. Provavelmente essas pessoas precisam encontrar no terapeuta a capacidade de manter-se, de certa forma, tão frias como elas se mostram, embora o profissional deva ter em mente que tal frieza é apenas aparente, proteção para os afetos que temem vir à luz e não ser compreendidos. Quando o terapeuta consegue esse tipo de atitude, é quase como se entrasse no idioma de seu cliente dessensibilizado, o que o encoraja a, aos poucos, reconhecer-se como um ser corpóreo e a colocar a energia advinda daí a serviço da autoatualização e de uma vida mais plena.

Como paradigma na arte para esse estilo de personalidade, sugiro a leitura dos livros *Barthelby*, de Herman Melville, e *O videota*, de Jerzy Kosinski. No cinema, *Muito além do jardim* (direção de Hal Ashby), filme baseado na obra de Kosinski, além de inúmeros faroestes americanos que têm como herói o cavaleiro solitário aparentemente imperturbável e pouco ambicioso. Na literatura brasileira, o modelo emblemático do estilo de personalidade dessensibilizado são os Severinos, cantados em versos por João Cabral de Mello Neto no poema "Morte e vida Severina".

O defletor

O ESTILO DE PERSONALIDADE defletor descreve pessoas que tendem, de certa forma, a ser sensibilizadas fortemente pelo ambiente. Assemelham-se, nos critérios do DSM, à personalidade histriônica, na qual é flagrante a base de intensa socialização e horizontalidade. A característica mais marcante desses indivíduos é a tendência à busca constante de companhia, até mesmo uma dificuldade para a vivência da solidão ou da quietude. Por isso, as palavras-chave aqui são "superficialidade" e "sexualização", uma vez que é comum entre os defletores o uso da sexualidade para obter atenção e afeto. O mote para eles poderia ser resumido na expressão "abundância e brevidade", pois se contentam com o máximo possível nas diversas áreas da vida, desde que de maneira fugaz: o máximo possível de contatos, de afetos, de trabalho e de terapia, mas por pouco tempo. Tendem ainda a ser pessoas agregadoras e, de certa forma, centralizadoras: em virtude da dificuldade com a solidão, ficam abertas aos grupos – nos quais atuam de maneira agregadora quando recebem o afeto de que necessitam e de maneira desagregadora quando sentem não receber a importância que julgam devida. De toda forma, nunca têm participação neutra nos grupos aos quais se filiam. No caso do papel desagregador, lembram um pouco as pessoas de estilo profletor, mas têm com relação a estas últimas uma diferença fundamental: se observarmos os diversos grupos dos quais participam por um período maior, notaremos que os defletores conservam um papel agregador e um lugar conservador na maioria deles, ao contrário dos profletores, que costumam ter grande dificuldade de participar longamente de grupos, dada sua postura perturbadora e pouco conservadora.

O contato corporal tende a ser bem desenvolvido, de modo que podem ter grandes apetites ou grande abertura para os prazeres, reagindo de maneira intensa, às vezes até exagerada, às tentativas dos outros de proximidade afetiva ou corporal. Costumam ter contatos com muita intensidade, geralmente próximos, mas superficiais. Em função disso, parecem pessoas entusiasmadas, mas com uma fugacidade que costuma ser motivo de queixas de quem convive com elas. A maneira mais comum pela qual perturbam o ambiente é por meio da necessidade, excessiva quando patológica, de atenção e cuidado. Embora tendam a evitar a solidão, podem se ressentir desse viver tão horizontal. Esquivam-se da intimidade ampliando o número de contatos interpessoais e/ou de confrontos aparentemente gratuitos. No caso da ampliação dos contatos, há uma peculiaridade comum: sua facilidade de contato interpessoal aproxima-as rapidamente e aparentemente as torna íntimas de alguém que acabaram de conhecer, mas de quem logo se esquecem.

No que diz respeito, ainda, ao corpo, por apresentarem uma percepção corporal mais acentuada, essas pessoas têm um tônus corporal bastante energizado e, portanto, facilidade de manifestar intensa e brevemente as emoções. Nesse quesito, vivem "o máximo possível". Os defletores tendem a ser ativos e a ter grande contato com as sensações de prazer e de dor, vivenciando-as com intensidade. Sua vida parece cheia de cor. Porém, quando sob pressão, podem exagerar a expressão de dores ou de incômodos vividos corporalmente. O fato de serem mais dotadas para a vivência grupal torna-as mais atentas aos fatos externos que às próprias vivências, o que pode se tornar pesado existencialmente. Mobilizam-se pelos afetos, de modo que mostram ter boa capacidade de intimidade sem que de fato a tenham. Parece haver uma expressão corporal defensiva que, como efeito colateral, produz certo excesso de vivacidade na expressão, uma agilidade às vezes afetada, que por vezes não condiz com o que é sentido. Sexualmente, mostram-se interessados e interessantes, mantendo, sempre que possível, sua sexualidade como uma das ferramentas de comunicação e de contato. Costumam ser manipuladores e sedutores. Há nessas emoções uma efemeridade e certo exagero, como deflexão diante dos contatos mais íntimos. Tendem a ser impetuosos, mas lidam mal com a constância: assim como se entusiasmam com novos projetos ou ideias, rapidamente se enfadam, se irritam e desistem.

No que diz respeito à cognição, em geral desvalorizam os aspectos intelectuais e a introspecção, prestando mais atenção aos fatos externos, mesmo os mais triviais. Atentam para os aspectos comuns e superficiais das comunicações, apresentando certa dificuldade de lidar com abstrações e símbolos. Aparentam ter mais curiosidade sobre as pessoas que sobre os fatos. Costumam ter uma vivência mística mais severa, festiva e ritualística. Em geral, os defletores relacionam-se com a divindade por meio dos grupos de pertinência, da organização de eventos religiosos, do cuidado com os rituais e com os coirmãos. Nisso se assemelham aos confluentes, porém não cobram de modo excessivo pelo que dão aos outros. Além disso, mesmo sendo duas personalidades que precisam *estar com*, a quantidade de grupos e, nesses, a exuberância da participação os diferenciam fortemente.

Tendem a encontrar um melhor destino profissional nas atividades que exigem contato interpessoal, desde que não muito aprofundado, sobretudo de ajuda aos outros. Assim, encontramos entre as profissões mais comumente escolhidas por essas pessoas a enfermagem, o serviço social, as atividades didáticas, a organização de festas e de eventos, a psicologia, a vida religiosa – enfim, ocupações que lhes possibilitem o máximo possível de contato interpessoal ou de serviços interpessoais. Essa característica também se manifesta nos passatempos preferidos, voltados igualmente para a convivência. Assim, uma pessoa com esse estilo de personalidade preferirá uma excursão em grupo a um jogo de baralho, um *show* a um cinema, um jantar familiar em que ela esteja no centro das atenções a uma refeição frugal e solitária.

Em virtude da dificuldade de lidar com a solidão, essas pessoas costumam ter uma rede social ampla e bastante horizontalizada, com pouca ou fugaz vinculação afetiva. Para elas, muitas vezes é preferível vários contatos simultâneos a um mais íntimo; assim, é comum terem vários grupos de pertinência concomitantes. Em geral, preocupam-se com o vestuário: esmeram-se em apresentar-se bem, mesmo que eventualmente com alguns exageros.

As sabedorias mais marcantes das pessoas defletoras são: a capacidade de aproximação e acolhimento, a qual lhes permite agir a serviço dos outros e manter uma atitude de participação e de intervenção no cotidiano cultural; certo entusiasmo, que lhes possibilita passar com mais esperança pelos infortúnios da vida; a capacidade de lidar com grupos, que os abre para experiências comunitárias e de solidariedade; o elã existencial, que lhes permite defender-se de baixas ameaçadoras; a expansão, que os leva a importantes ousadias; a capacidade de unir posturas conservadoras a inovadoras em doses que costumam ser enriquecedoras para os grupos e para a cultura de que participam.

Em terapia, de certa forma, o toque é sempre perigoso, pois pode ser subitamente erotizado, independentemente do fato de o terapeuta e o cliente serem ou não do mesmo sexo. Na maioria das vezes, sua queixa inicial está ligada às relações interpessoais, a uma sensação de serem mal compreendidos pelo ambiente.

Sua expressão verbal pode ser empolada, a voz colocada com cuidado, às vezes com afetação; tendem a usar verbos ativos e muita emoção nas descrições do vivido. Manifestam-se de forma generalista, ampla, emocionada, buscando um contato mais intenso que íntimo com o terapeuta.

Tendem a narrar a própria história de maneira um tanto dramática, interessante, com poucos detalhes e cheia de afetos, superficial. A falta de pormenores nas narrativas é facilmente percebida pelo terapeuta sensível, sendo um dos critérios diagnósticos para esse tipo de personalidade: fica no terapeuta certa frustração, um desejo insistente e repetidamente frustrado de saber mais detalhes para compreender melhor. O defletor demanda dois cuidados especiais. Em primeiro lugar, o risco, sempre presente, de que o cliente abandone a terapia de súbito, surpreendendo o terapeuta. Nas palavras de Delisle (1999, p. 102): "O terapeuta vai encontrá-lo sempre charmoso e atraente [...] depois, ficará sempre a procurar". O segundo ponto diz respeito à sedução sexual, bastante comum na terapia dessas pessoas. Afirma Delisle (*ibidem*):

> É preciso cuidado para a compreensão das tentativas de sedução por parte do cliente: usar a técnica do "obrigado, não, porque". Obrigado: compreender a sedução como meio para al-

cançar intimidade; dizer "não" de maneira compreensiva e continente; explorar com o cliente o significado (o porquê) dessas tentativas.

A vinculação com o terapeuta será sempre imprevisível e pouco confiável, de modo que o profissional deve encarar cada sessão como se fosse a última – seja mantendo-se atento e limitador quanto às próprias expectativas em relação àquele trabalho, seja diminuindo a tolerância às situações inacabadas tão comuns nas psicoterapias fenomenológicas. Muito corriqueira, sendo até um dos mais importantes critérios diagnósticos, é a percepção, por parte do terapeuta, de que está sentindo raiva de seu cliente. Isso se dá sobretudo em virtude da imprevisibilidade do contato na terapia e da facilidade dessas pessoas para defletir nos momentos mais decisivos e carregados de energia das sessões, desviando-se para situações aparentemente inócuas, desconsiderando a dedicação e a presença do terapeuta naquele momento, depois de abrir *Gestalten* cujo fechamento procurarão evitar a todo custo. Ou, ao contrário, trazendo no fim da sessão um assunto delicado para o qual não haverá tempo hábil para uma abordagem adequada e para um fechamento atualizador. Além disso, é comum que o cliente se esforce para construir com o terapeuta uma aliança contra o mundo externo, recorrendo até a adulações, o que também exigirá cuidado do profissional para andar no estreito fio da presença confirmadora, delimitadora e amorosa sem ceder à bajulação nem deixar de reconhecer (e se solidarizar com) as dificuldades cotidianas da pessoa.

Como os defletores precisam sobretudo ampliar a capacidade de mudar e de estabelecer intimidade e aprofundamento em suas relações, é bom que na terapia se trabalhe, lenta e pacientemente, o aumento da capacidade de centrar-se mais em si que no ambiente, diminuindo a centração no outro. Em paralelo, deve-se incentivar o potencial para aprofundar contatos interpessoais – inclusive na relação terapêutica, especialmente se o profissional conseguir manter-se com conforto no estreito fio de que falei no parágrafo anterior. Cognitivamente, quando a terapia consegue auxiliá-los a transformar o horizontalismo em abertura para contatos mais profundos e íntimos, ainda que poucos, podem alcançar mudanças relevantes para si e para aqueles com quem convivem. Por fim, é importante frisar que demandam do terapeuta a delicada capacidade de ousar e de ter consciência de seus limites e das enormes possibilidades da frustração amorosa como um ato terapêutico que auxilia a pessoa a aprender a amar sem ter de sexualizar suas relações interpessoais.

Tenho feito em congressos e em outros eventos de Gestalt-terapia um grupo de diálogo intitulado "A clínica da sexualidade e a sexualidade na clínica", no qual trocamos relatos e vivências a respeito da presença dessa energia estrutural humana na relação psicoterapêutica, com resultados interessantíssimos. Em todos os grupos realizados surgiu alguma experiência sobre atitudes e desejos contratransferenciais de defletores. Sucessos e insucessos são narrados; cuidados acertados e defesas exageradas, divididas. É comum a percepção compartilhada de que nesses casos há duas atitudes extremamente terapêuticas por parte do profissional: primeira, consigo, de não negar moralisticamente o desejo que porventura sinta pelo cliente, mas compreender tal desejo e seu sentido na sua vida e naquela terapia (isso vale também para o trabalho com outros estilos de personalidade, é óbvio); segunda, com relação ao cliente, de não julgá-lo, mas buscar entender seu comportamento sedutor na forma que Delisle tão bem descreve com seu "não, obrigado, porque". Costumo aconselhar meus supervisandos e alunos a ter muito cuidado com sua autoavaliação profissional no trabalho com essas pessoas, pois muitas delas abandonam prematuramente a terapia sem que o terapeuta possa fazer nada para impedir isso.

Como paradigmas na arte para esse estilo de personalidade, sugiro a leitura da obra de Jorge Amado, narrador praticamente especializado em figuras defletoras – sobretudo, mas não apenas, as femininas, como Dona Flor e Gabriela. No cinema, um exemplo interessante do defletor é Alice, de *Alice no País das Maravilhas* (direção de Tim Burton), baseado na obra de Lewis Carroll.

O introjetor

O ESTILO DE PERSONALIDADE introjetor é o das pessoas que manifestam descontinuações mais comumente na etapa da mobilização, logo antes da ação. Assemelha-se, nos critérios do DSM, à personalidade esquiva, nas quais é flagrante a base da introjeção e da ansiedade (e eventual paralisação) inerente à introjeção. A característica mais marcante do introjetor é certa tendência a sentir-se humilhado, o que provoca solidão como meio de defesa, mas de forma bem diversa da solidão das pessoas dessensibilizadas: o isolamento é buscado como fuga, e não como alternativa egossintônica. Por isso, a palavra-chave aqui é "retirada", no sentido de ser uma pessoa que diminui seus contatos para evitar a possibilidade da humilhação. Outra palavra-chave pode ser "hesitação", com a mesma motivação do termo anterior. O mote para essas pessoas poderia ser resumido na expressão "tudo sempre pode piorar", pois parecem sempre esperar por algo ruim, sobretudo a rejeição do ambiente. Vale ressaltar que não raro a pessoa localiza em algum aspecto corporal o foco da rejeição, sempre de maneira plausível. Para ela há, de fato, algo no corpo que foge ao comum ou à norma da cultura: uma calvície precoce, uma orelha mais saliente, um nariz avantajado, seios muito grandes ou muito pequenos – residiria aí o motivo da humilhação: "Ninguém vai querer conversar comigo com essa minha voz de gralha!" Esse comportamento temeroso aparece sobretudo nos grupos, nos quais a possibilidade da rejeição é mais explícita.

O contato corporal tende a ser desenvolvido especialmente na percepção de situações aversivas ou de perigo, de maneira que os introjetores mantêm-se em um estado de alerta perene.

Aqui, é preciso fazer uma distinção no que se refere aos projetivos: o introjetor fica em alerta pelo medo de ser rejeitado, ao passo que o projetor o faz por desconfiar do outro, como veremos mais adiante. No primeiro, o movimento da desconfiança é voltado para si; no segundo, a desconfiança se volta para o ambiente. Em outros termos, o introjetor não culpa o mundo, mas a si, pela possível rejeição, ao passo que o projetor culpa o mundo pela possível perseguição. Assim o introjetor, em virtude desse alerta constante, acaba dando mais atenção à dor que ao prazer.

Tendem a ter contatos fugidios, mais ariscos. Em função disso, parecem pessoas um tanto assustadas ou pessimistas, o que dificulta a convivência com quem quer se aproximar. A maneira mais comum como perturbam o ambiente é pelo pessimismo e pelo embaraço, ainda que aparentemente disfarçado, diante de situações mais comuns para a maioria das outras pessoas. Temem a proximidade e a possível rejeição ou humilhação.

No que diz respeito aos sentimentos, vivem especialmente o medo e sua derivação, a ansiedade, os quais fundamentam a introjeção como tentativa de adequar-se ao ambiente pela obediência às supostas expectativas do ambiente. Tendem a ser ativos, uma vez que a fuga é um processo ativo, ao contrário do que crê o senso comum. Porém, não têm pouca afetividade, mas afetividade subordinada aos medos. Como vivem em estado de alerta, seu toque tende a ser rápido, fugaz, pouco atraente ao outro. É comum viverem o medo da rejeição e do ridículo, o que torna a vida sexual dessas pessoas pobre ou inexistente – ou, ainda, temerosa do compromisso, com longos namoros ou noivados que parecem nunca levar ao casamento. Não raro manifestam a tartamudez e problemas respiratórios recorrentes.

No que diz respeito à cognição, tendem a pensar no comportamento dos outros do prisma de suas preocupações, sempre esperando pelo pior, como se, mesmo sendo introjetores, não conseguissem aprender as lições da vida por sua dificuldade de assimilação, a qual comentarei adiante. Tendem a valorizar pouco a si e ao outro, resultando daí uma séria dificuldade de manter amizades ou relações mais longas – a não ser aquelas da família de origem, ponto no qual se diferenciam novamente dos dessensibilizados. Na terapia, devem ser ajudados a perceber essa tendência a esperar pelo pior, para que possam criticar essa postura. Na linguagem, tendem a usar generalizações e têm dificuldade de dizer "não". A timidez é queixa comum, devendo seu sentido ser sempre investigado em terapia, pois é pessoal e singular. Muitas vezes, o cliente usa o termo "vergonha" para caracterizar sua timidez, e aqui também a pesquisa sobre o significado dessa vivência pode ser reveladora de caminhos terapêuticos.

A maneira mais usual de essas pessoas se relacionarem com a divindade é pelo distanciamento, até por certa persecutoriedade, como se seu lugar no inferno já estivesse reservado desde o nascimento. O desinteresse pelos temas ligados à religião também pode aparecer, em geral com características defensivas. No desenvolvimento profissional, tendem a preferir posições de pouco contato interpessoal – não por gostarem da solidão, mas pelo medo de ser rejeitados ou humilhados. Essa característica também se manifesta nos passatempos favoritos. Assim, uma pessoa com esse estilo de personalidade preferirá uma máquina fotográfica a uma bola, uma solitária sessão de jardinagem a um passeio pela praça.

Em virtude desse medo da rejeição, os introjetores costumam manter uma rede social pequena, de pouca confiabilidade e pouca intimidade, na qual tendem mais a pedir que a dar. Em geral, têm poucos amigos e poucos romances ao longo da vida, embora se arrependam das inúmeras oportunidades perdidas nas fugas que fazem. Parecem vestir-se evitando chamar a atenção; se pudessem, trajariam constantemente o manto da invisibilidade.

Ao pensarmos nas sabedorias especiais das pessoas introjetivas, uma de suas maiores habilidades está no reconhecimento das situações de risco e nas estratégias para minimizá-los. Costumam ter uma vida imaginativa muito rica, o que se constitui numa maneira de compensar a evitação do contato cotidiano com as pessoas e com situações ameaçadoras.

Em terapia, em virtude de sua ansiedade, essas pessoas temem tocar e ser tocadas. Na maioria das vezes, sua queixa inicial está ligada à ansiedade e ao medo da rejeição e do ridículo, quando não diretamente ligada à ansiedade. A cada entrevista, sobretudo no início da terapia, estarão ansiosas, tendendo a relaxar à medida que a sessão segue. O terapeuta precisa ficar atento ao medo que esses clientes sentem de ser rejeitados por ele. Tal medo pode gerar, basicamente, dois caminhos ruins: num, o cliente tenta ser adequado e não se expõe; noutro, quando se sente aceito, ele pode achar que só o terapeuta o entende, o que gera certa dependência que, se não cuidada, se tornará iatrogênica. A reação mais comum que os introjetores provocam no terapeuta é um desejo de encorajar, desejo esse que deve ser contrabalançado pelo cuidado de perceber a ansiedade do cliente e não incentivá-lo a condutas que para ele podem ser temerárias, executadas apenas com a intenção de agradar ao profissional. Experimentos com risco dosado, que exigem pequenas e crescentes doses de ousadia, tendem a ser bem-vindos para que o cliente possa se explorar e se conhecer melhor, mas não devem ser colocados como provas de superação, pois isso pode ser improdutivo para o desenvolvimento da terapia – ao contrário do que acontece com os egotistas, para os quais o desafio é o caminho de progresso. Nesses experimentos, é preciso ajudar a pessoa a tolerar melhor a dor, a não se deixar tomar logo pelo desejo de fugir dela, a fim de lidar melhor com as necessárias passividades da vida. Por exemplo, se o cliente tende a buscar uma desculpa e fugir de todo contato sexualizado por medo de ser ridicularizado, um pouco de ousadia pode ajudá-lo a esperar e a avaliar se vai ser mesmo rejeitado. Em outros termos, essas pessoas precisam aprender a tolerar a ansiedade até que ela se vá porque o ambiente não é tão ameaçador quanto parecia a princípio – ou, em caso contrário, até ter confiança de que a esquiva é a atitude mais acertada naquele momento, e só naquele momento. Cognitivamente, quando a terapia consegue auxiliá-los a ter uma postura mais crítica quanto às introjeções, podem alcançar valiosas autoafirmações. Esses clientes demandam do terapeuta a capacidade de ajudar a instaurar a crença de que, se tudo pode piorar, pode também melhorar.

Em minha prática clínica não atendi a muitas pessoas com esse modo de ser. Imagino que a psicoterapia possa ser vista como uma atividade ameaçadora para a maioria delas, especialmente por seu caráter de proximidade e por sua proposta de intimidade consigo e com um outro. No entanto, e isso é interessante, uma vez superada a fase inicial da terapia, os trabalhos tendem a ser longos, com progressos lentos e constantes.

Como paradigmas na arte para esse estilo de personalidade temos, no cinema, os personagens principais de *O fabuloso destino de Amélie Polain* (direção de Jean-Pierre Jeunet) e de *O discurso do rei* (direção de Tom Hooper). Existem diversos filmes que exploram a sensação, tão comum no introjetor, de ser rejeitado em função de algum suposto defeito ou deficiência que tenha. Na literatura e no cinema, o estilo introjetor é bastante explorado nas comédias, sobretudo naquelas que retratam situações repetidas de ridicularização a que essas pessoas possam estar sujeitas. O Carlitos, de Chaplin, é um terno exemplo desse tipo de personalidade.

O projetor

O ESTILO DE PERSONALIDADE projetor abrange as pessoas que manifestam descontinuações mais comumente na etapa da ação. Assemelha-se, nos critérios do DSM, à personalidade paranoide, nas quais é flagrante a base da projeção e da desconfiança. A especificidade mais marcante dessas pessoas é certa rigidez, fruto de uma atitude de desconfiança diante do mundo. Por isso, a palavra-chave aqui é "vigilância": trata-se de indivíduos que se colocam em permanente estado de atenção diante de um mundo vivido sobretudo como hostil e perigoso. Outra palavra-chave pode ser "suspeita". O mote do projetor poderia ser resumido na expressão "sempre alerta", utilizada num sentido defensivo, pois ele aparenta estar sempre pronto para enfrentar uma hostilidade repentina, vinda de qualquer lugar. O projetor, via de regra, coloca nessa atitude desconfiada toda a energia de que dispõe e associa isso a uma crença desmesurada na própria importância, tendendo a sentir-se como referência, sobretudo para atos que compreende como danosos ou maledicentes contra si. Esse comportamento desconfiado aparece principalmente nos grupos, nos quais a possibilidade de invasão por parte dos outros é mais real. Tal atitude de suspeita não quebra o contato com a realidade, embora a marque com um colorido bem típico, tonalizado pela ameaça e pela consequente necessidade de atenta defesa.

O projetor tem certa dificuldade para perceber o corpo, embora seja energizado, pois a vigilância exige um organismo pronto para reagir – portanto, com dificuldade de relaxar e de ser percebido. Ao passo que o introjetor fica em alerta por medo de ser rejeitado, o projetor o faz por desconfiar do outro. Essa atitude de desconfiança facilita também uma postura mais retaliadora com relação aos outros e ao mundo.

Como tem dificuldade de relaxar e de perceber o corpo, o projetor costuma ter contatos praticamente sem afeto, fundados apenas na cognição. É mais raro encontrarmos contato com grupos, a não ser aqueles estritamente necessários, como os profissionais, mas mesmo nesses contatos há momentos de hostilidade e de ambiguidade, muitas vezes incompreensíveis para as outras pessoas.

Costumam perturbar o ambiente por meio de sua ambiguidade e hostilidade, além, é claro, da atitude de desconfiança e vigilância que permeia seus contatos cotidianos. Tendem a encarar a possível proximidade com outras pessoas como perigosa, pois a projeção mais encontradiça é aquela que coloca nos outros as partes inaceitáveis de si.

No que diz respeito aos sentimentos, não vivem exatamente o medo, mas a desconfiança, o que é bem diferente. Tendem a ser ativos, muitas vezes agressivos ou violentos, pois se mostram vigilantes e provocadores.

Como se encontram amiúde em estado de vigilância, não provocam nos outros desejo de tocá-los nem mostram vontade de tocar as outras pessoas. Ainda quanto à sexualidade, são comuns as relações sem afeto, praticamente cognitivas, sem qualquer significado mais importante, com pouco cuidado ou culpas. Vivem um sexo sem coração e com raras sensações de prazer, mais voltado para o desempenho que para a satisfação – embora, ao contrário do egotista, que busca o desempenho para ser admirado, sua busca do desempenho tenha a função de retaliação ou de prevenção de possíveis traições.

No que diz respeito à cognição, esta tende a ser seu principal suporte. Na terapia, devem ser ajudados a experimentar, ainda que a princípio muito de leve, a possibilidade de ampliar o diálogo entre a cognição e as emoções, para não se mobilizar tão imediatamente diante da suspeita levantada sobre alguém ou algo. Se não se trabalham, esses indivíduos em geral não verificam suas suspeitas, agindo portanto de maneira imediatista, defendendo-se (às vezes fortemente) tão logo se imaginem ameaçados, sem identificar se de fato há ou não perigo.

Na linguagem, em geral não gostam de responder a perguntas, ao mesmo tempo que se colocam como inquisidores. Têm dificuldade de dizer "sim", sobretudo os sins afetivos.

A maneira mais comum de essas pessoas se relacionarem com a divindade é por meio de uma marcante desconfiança, não raro de ateísmo ou de um fanatismo belicoso e irascível.

No desenvolvimento profissional, optam por trabalhos nos quais a postura vigilante seja valiosa, como nas funções militares, de polícia, do direito, do mundo das finanças. Essa característica também se manifesta nos passatempos prediletos, geralmente aqueles que não os coloquem em contato com afetos ou com a proximidade dos outros. Assim, uma pessoa com esse estilo de personalidade preferirá isolar-se em uma pescaria num lugar inóspito a frequentar um *shopping*, escolherá jogar um *game* estressante e não ir a um jantar romântico.

Em virtude dessa atitude de vigilância e desconfiança, os projetores têm uma rede social muito pequena, sem intimidade, na qual tentam se mostrar impassíveis, mas são vistos como irritáveis, invejosos e ciumentos. Têm poucos amigos e poucos romances ao longo da vida, sem mostrar arrependimento pelas oportunidades perdidas.

Entre as sabedorias especiais das pessoas projetivas está a capacidade de reconhecer o perigo e de lidar com ele, especialmente quando adotam profissões voltadas para a proteção de pessoas ou de valores.

Embora a projeção como ato e como estado seja comum em terapia, como estrutura ela é muito rara. As pessoas projetivas, por sua natural desconfiança, têm dificuldade de se utilizar de intervenções psicoterapêuticas, as quais são, inerentemente, baseadas na confiança mútua. Ainda assim, quando procuram terapia – quase sempre obrigadas por alguém importante para elas –, tendem a ser clientes difíceis, pois colocam-se na defensiva, interpretando cada gesto do terapeuta, mesmo o mais anódino, como possível manobra estratégica. De expressão verbal inquisitória, confrontadora, com grande investimento cognitivo como controle da situação terapêutica, tendem a narrar a própria história de maneira ambígua e enigmática, inclusive suspeitando do terapeuta – o qual deve se colocar como um bom parceiro para, com muita paciência, deixar que aos poucos a confiança surja na situação terapêutica. É importante que o profissional não tente ficar livre de suspeição, mas desenvolva o suporte para lidar com a atitude suspeitadora de seu cliente até que a confiança se estabeleça – o que se dará com a lentidão semelhante à da hera ao cobrir a parede e terá como resultado uma confiança frágil e necessita de cuidados como um passarinho na gaiola. Outro cuidado se dá quanto à possibilidade de o terapeuta reagir diante do projetor com certo desconforto, quase com paranoia, o que o torna mais consciente de seus gestos e mais controlado e cauteloso a cada sessão do que de costume. Não raro, o terapeuta vive certa frustração com esse cliente por não ser confirmado como confiável, devendo trabalhar isso de modo intenso.

Tenho a fantasia de que colegas que trabalham em instituições de correção como presídios ou casas de acolhimento de menores infratores devem ter mais contato com projetores que eu em terapia. De fato, nesses anos todos em que sou terapeuta, foram raras as pessoas com esse modo de ser que atendi. Meu contato maior com elas deu-se em minha prática hospitalar, tanto em hospitais psiquiátricos quanto em gerais, embora nesses casos o patológico estivesse muito à tona. Percebo, no entanto, que é preciso cuidado para diferenciar atitudes projetivas, isto é, a projeção como ato ou estado, sobretudo em pessoas de estilo retrofletor ou profletor, para que não se confunda aquilo que é processual com o estrutural. Indivíduos retrofletores e profletores costumam ter vivências projetivas importantes, tendendo a ampliar ameaças de maneira muito semelhante ao das pessoas de estilo projetor, de modo que são necessárias sensibilidade e atenção ao fazer a compreensão diagnóstica e diferenciar um estilo de outro. É no contato, no entre, na atmosfera do encontro, que se estabelecerão essas diferenças; é na percepção do todo e do cotidiano do cliente que se descobrirão as dessemelhanças e, assim, se traçarão os melhores caminhos terapêuticos para cada caso.

Como paradigma na arte para esse estilo de personalidade, sugiro o filme *Teoria da conspiração* (direção de Richard Donner). Na literatura, o representante clássico da estrutura projetiva é o protagonista de *Dom Casmurro*, de Machado de Assis.

O profletor

O ESTILO DE PERSONALIDADE profletor abarca as pessoas que manifestam descontinuações mais comumente na etapa da interação. Assemelha-se, nos critérios do DSM, à personalidade *borderline*, nas quais há uma tendência à impulsividade e certa labilidade emocional, ambas derivadas de problemas ligados ao estabelecimento e à manutenção da identidade própria. Também é comum o relato ressentido de vivências de abandono, em geral bem embasadas na realidade, sobretudo na infância, que deixam marcas por toda a vida e devem ser objeto de intenso cuidado e confirmação por parte do terapeuta. As pessoas com esse estilo de personalidade tendem a ser tomadas por impulsos que não conseguem (ou têm dificuldade de) controlar; por isso, apresentam, muito mais do que a média das pessoas, comportamentos temerários que podem causar danos significativos a ela ou aos que a cercam. Por isso, as palavras-chave aqui são "impulsividade", "abandono" e "temeridade". O mote dos profletores poderia ser resumido na expressão "se desejo, posso", no sentido de que são tomadas por um imediatismo que as incita a certos comportamentos dos quais se arrependem profundamente depois – quando há depois. É preciso notar, no entanto (sendo esse o aspecto que mais os assemelha à personalidade *borderline* no DSM), que a impulsividade e a labilidade são o visível de um aspecto mais importante nesse tipo de modo de ser: uma vivência de vazio, de certa falta de identidade, uma falta de fronteiras estabelecidas com nitidez suficiente. Essa é a grande força motriz do profletor, pois é em função dessa sensação de vazio que ele tende a se mover sem se responsabilizar existencialmente, como se quase pudesse viver no outro: "Por exemplo, uma mulher que proflexa crê erroneamente que é o outro que tem a chave de sua felicidade. Isso mostra que ela está sem contato com as fontes de autossuporte que tem em si e com as opções ambientais que lhe são disponíveis" (Crocker, 1981, p. 2).

Crocker foi a primeira Gestalt-terapeuta que teorizou sobre a proflexão como descontinuação do contato. Ao descrever a pessoa de estilo profletor, a autora, depois de afirmar que há uma proflexão ativa e uma passiva, diz (*ibidem*, p. 3) que "nos dois casos o profletor entra numa atitude servil em relação a quem ele ou ela está tentando manipular" – e essa me parece ser a tônica dessas pessoas em terapia. Apesar de concordar com Crocker quando afirma que há uma proflexão ativa e outra passiva, tenho encontrado em minha prática clínica pessoas que oscilam da forma ativa à passiva a depender da resposta que obtém do outro e das circunstâncias, mas me parece muito difícil, senão impossível, encontrar alguém que encarne isoladamente uma ou outra forma de proflexão. Assim, daqui para a frente, tomarei por base meus achados, entendendo que, mesmo que uma das duas formas seja mais visível, cada profletor realiza ao longo da vida ajustamentos baseados nessa característica básica de não conseguir fechar suficientemente bem sua modelação e alcançar sua identidade, prendendo-se demais ao outro. Dizendo de outro modo: segundo Crocker, cada um de nós aprende a ser, por exemplo, um bom cidadão, fazendo aos outros o que gostaria que eles nos fizessem, o que seria uma proflexão saudável (ou uma *modelação*, que é como Crocker denomina esse movimento) porque não manipulativa, mas aprendente. Já a proflexão não saudável caracteriza-se pela prevalência da manipulação e, no meu modo de ver, na dificuldade de assimilar a identidade procurada (no caso, ser um bom cidadão), de modo que a pessoa não consegue suficiente autossuporte para ser livre, tornando-se dependente do outro ao mesmo tempo que ressentida com ele por este não lhe dar sua liberdade.

Como bem aponta Crocker (*ibidem*, p. 6), esses indivíduos acabam estabelecendo uma espécie de relação senhor-escravo, o profletor se prendendo ao relacionamento e o outro "se recusando a fazer coisas que por uma ou outra razão não quer fazer". A preponderância desse tipo de relação na vida das pessoas de estilo profletor é o que explica as constantes e intensas vivências de solidão, pois os outros não suportam ficar presos nessa teia e se afastam ressentidos. A exceção a esse padrão se dá no encontro entre dois profletores, pois aí o que se constitui no mais das vezes é um interminável e muito sofrido vaivém, casa-separa.

O aprisionamento desses indivíduos em algumas relações aparece sobretudo nos grupos, trazendo quase sempre prejuízos para o profletor porque aqui também os outros acabam se cansando de sua instabilidade e de suas cobranças e se afastando – deixando-o dolorido, por vezes trazendo de volta a experiência de um abandono, afetivo ou concreto, vivido na infância, marca bastante comum a essas pessoas. De toda forma, como afirma Crocker (*ibidem*, p. 4), "se o outro responde como o profletor deseja, a relação tende a ser estéril e estereotipada. [...] Se o outro falha em responder ou a resposta não condiz com as expectativas do profletor, isso gera ressentimentos, às vezes no profletor, às vezes em ambos".

Há um texto de Clarice Lispector (1973, p. 40) que pode dar uma boa ideia sobre o estilo de personalidade profletor: "Eu sou à esquerda de quem entra. [...] E estremece em mim o mundo. Eu não sou promíscua. Mas sou caleidoscópica: fascinam-me as minhas mutações faiscantes que aqui caleidoscopicamente registro".

Tendem a ser pessoas de energia cíclica, pois passam rapidamente de uma quase hiperatividade a uma quase letargia, o que pode provocar complicados erros de diagnóstico, pois, para o profissional mal preparado, isso pode parecer um transtorno bipolar, o que está longe do profletor. Sua oscilação de humor é muito mais errática, flutuante e imprevisível que a do bipolar, entre outras diferenças no diagnóstico.

As pessoas de estilo profletor têm certa dificuldade de perceber suas sensações e de lidar com elas, o que se nota em seu frágil controle inibitório. Assim, manifestam certa ambiguidade com relação aos comportamentos retroflexivos, ora muito retrofletoras, ora incapazes de retrofletir. Episódios de violência ou de automutilação não são raros – em geral seguidos de intensa culpa, mas com dificuldade de aproveitar a reparação que esse sentimento deveria proporcionar, o que pode tornar tais episódios repetitivos. Falo aqui de uma ampla gama de comportamentos, do hábito de roer unhas até que se machuquem a atitudes mais autodestrutivas na lida com dinheiro, com velocidade em automóveis, no abuso de substâncias, no sexo sem prevenção, em abortos, na alimentação compulsiva, em compras compulsivas, podendo chegar ao suicídio (geralmente também compulsivo, não arquitetado).

Costumam perturbar o ambiente por meio da ambiguidade derivada de sua impulsividade e da instabilidade de seus afetos e comportamentos, o que acaba por gerar relações marcadas pela culpa e pelo ressentimento de lado a lado. De todos os estilos de personalidade, o profletor parece ser o que tem o peso mais duro nas convivências, consigo e com os outros. É difícil ficar por muito tempo com a pessoa profletora, entre outros motivos porque ela tende a ser muito agarrada ou muito distante, oscilando, aparentemente sem motivo, de um polo ao outro com a mesma rapidez com que um esquilo pula de galho em galho em uma árvore. Há também uma dificuldade de se adequar ao ambiente, o que complica mais a convivência. Às vezes, penso que esses indivíduos fazem em seu cotidiano uma espécie de sublimação[1]: ora estão muito centrados no outro, ora em si – raramente estão no entre ou passam por ele. Quanto mais conseguem amadurecer, mais vão encontrando conforto no entre e, assim, reduzindo essa sublimação.

A convivência é uma das grandes dificuldades do estilo de personalidade profletor, uma vez que a questão da identidade pesa bastante, sobretudo quando a confusão entre si e o outro, tão comum nessas pessoas, se acentua.

1. Utilizo-me aqui do termo "sublimação" no seu sentido em química – capacidade de uma substância de passar do estado sólido ao gasoso sem a intermediação do estado líquido. Portanto, não é ao sentido psicanalítico da palavra que me refiro.

Como são, de certa forma, imprevisíveis, têm alguma dificuldade com o toque, vivido ora como desejável, ora como invasor. Com relação à sexualidade, assim como à vivência de prazeres e dores, a intensidade é a marca. Dores lancinantes e prazeres indescritíveis não são raros. Vivem um sexo intenso e prazeroso, apaixonado, para em seguida cair no descaso e na falta de interesse. Possivelmente são as pessoas mais sujeitas ao mau uso das drogas e das substâncias entorpecentes, incluindo medicamentos psicotrópicos mal receitados.

A cognição tende a não ser um suporte confiável, vencida que costuma ser por impulsos e caprichos. Na linguagem, tendem à mesma imprevisibilidade, podendo, se num momento patológico, numa mesma frase mudar seus afetos de norte a sul.

No que diz respeito à religiosidade, embora seja raro aparecerem em terapia alusões a vivências religiosas, muitas vezes a adesão a determinado culto tende, sobretudo a partir da idade adulta, a ajudar essas pessoas a lidar com a difícil questão da retroflexão saudável. Tanto a religião quanto a terapia são meios pelos quais o profletor pode ser auxiliado a retrofletir melhor, a conter-se, a lidar de maneira menos frágil com seus impulsos, a estabelecer uma identidade e fronteiras um pouco mais consistentes e duráveis.

No desenvolvimento profissional, tendem a se sentir melhor em atividades ligadas à arte, ótima via para desaguarem a imensa criatividade que costumam ter. Por isso, em terapia, o uso da arte é especialmente indicado para o trabalho com essa personalidade. São inúmeros os artistas, músicos, cantores, pintores, poetas, escritores, escultores, estilistas, publicitários e outros profissionais que lidam com a arte cujo estilo de personalidade é profletor. Como lazer, dificilmente saberemos qual é a preferência dessa pessoa: ora a mais animada balada, ora o mais sossegado parque, ora o mais profundo e regressivo dos sonos.

Ao pensar nas sabedorias especiais dos profletores, volto ao tema das artes e da criação, pois muitas das melhores obras artísticas de nossa civilização devem-se a eles.

É bastante comum que procurem terapia, seja espontaneamente, seja encaminhadas por outras pessoas ou entidades, como as escolas. O trabalho terapêutico com as pessoas de estilo profletor guarda peculiaridades significativas que exigiriam um estudo à parte. Como fundamentos básicos, alguns cuidados e atitudes por parte do terapeuta são imprescindíveis. O primeiro deles é a estabilidade: esse cliente precisa de um terapeuta e de um ambiente estáveis, compondo acolhedora polaridade com seu humor instável. A relação terapêutica será sempre difícil, não raro tumultuada, sobretudo no começo, o que exige do profissional autocentração e cuidado amoroso. Se o terapeuta não pode fazer dessa pessoa um cliente especial, é melhor que não a atenda. Digo especial no sentido da dedicação que lhe será exigida e da confiança profunda de que não abandonará seu cliente, por mais que ele o provoque para tanto. "Estabilidade" é a palavra-chave para essas terapias. Como são pessoas muito carentes, necessitadas de um amor constante, tendem a provocar no terapeuta certa oscilação, ora desejoso de colocá-las no colo para protegê-las, ora consternado diante da fragilidade em seu autocuidado. O profissional deve certificar-se de não se enredar a ponto de ter verdadeiras atuações superprotetoras que arruínam a psicoterapia. A supervisão é sempre recomendada nesses atendimentos, mesmo aos terapeutas mais experientes.

Os profletores têm uma expressão verbal que, muitas vezes, demonstra certa idealização do terapeuta ou de pessoas próximas, com rápida oscilação para uma intensa desvalorização. Tendem a narrar a própria história de acordo com o que sentem no momento (se estão tristes, a história é cinzenta; se estão alegres, ela é colorida, independentemente de como tenha sido vivida quando ocorreu), mas com recorrentes sensações de vazio e de abandono. A maioria dos clientes de estilo profletor que já atendi tinha de fato vivências reais de abandono, mas nem todos os que foram ou se sentiram abandonados na infância são assim – embora os profletores vivam de maneira especial e intensa esse abandono inesquecível e imperdoável.

Ao longo de minha vida profissional, tenho atendido muitas pessoas com esse estilo de personalidade – homens e mulheres, adolescentes e adultos (não faço terapia infantil), jovens e idosos. Invariavelmente, são trabalhos difíceis, que exigem dedicação, amorosidade e capacidade de resistir às provocações – os profletores têm certa necessidade de provocar no outro um sentimento intenso de raiva ou de amor, além de uma dificuldade marcante de aceitar os sentimentos amorosos. Assim, quando se sentem amados, logo se comportam de uma maneira que provoque raiva no outro, cuja reação, por conseguinte, os devolverá ao abandono e ao ressentimento, ao lugar dolorido e conhecido. É como se o amor lhes doesse mais que nas pessoas de outros modos de ser. Por isso, insisto: o terapeuta deve ser extremamente centrado e tolerante, cuidando para não reagir a essas provocações como o fazem as pessoas no senso comum.

É preciso transformar a relação terapêutica num campo de experimentação, para o profletor, de um novo tipo de estar com, de uma nova possibilidade de crença na aceitação e no acolhimento. Vale notar que nem sempre sua provocação é consciente. É sobretudo em virtude de sua habilidade de provocar e ferir o outro que a supervisão se torna imprescindível nesses atendimentos. Outro ponto importante no qual a supervisão pode ajudar é na diferenciação, nem sempre fácil, entre as pessoas de estilo profletor e as de estilo defletor, pois esses dois modos de ser se aproximam na necessidade de atenção e de amor, embora se distanciem na capacidade de aceitar tais sentimentos. Outra diferença interessante entre ambos os estilos, porém só notada um pouco depois, é que os profletores tendem a ficar mais tempo em terapia quando encontram uma acolhida de fato amorosa e incondicional.

Como paradigma na arte para esse estilo de personalidade, sugiro a leitura de biografias de grandes artistas, pois é enorme a probabilidade de encontrar ali profletores. Como exemplo, cito a biografia de Mané Garrincha, *Estrela solitária*, escrita por Ruy Castro. No cinema, destaco *Piaf – Um hino ao amor* (direção de Olivier Dahan), *Hemingway e Gellorn* (direção de Philip Kaufman) e *Nosso querido Bob* (direção de Frank Oz). Neste, o protagonista, vivido por Bill Murray, exemplifica bem a personalidade profletora, inclusive na vivência do Transtorno Obsessivo-Compulsivo do eixo 1 do DSM-IV-TR, sintoma comum na vida dos profletores, retratado também no filme *Melhor impossível* (direção de James L. Brooks), no qual Jack Nicholson vive um profletor que padece de TOC. Mais recentemente, o filme *Frances Ha* (direção de Noah Baumbach) é um bom exemplo. Uma música que lembra o estilo profletor de ser é "Bastidores", de Chico Buarque.

O retrofletor

O ESTILO DE PERSONALIDADE retrofletor abrange as pessoas que manifestam descontinuações mais comumente na etapa do contato final. Assemelha-se, nos critérios do DSM, à personalidade obsessivo-compulsiva, na qual são flagrantes a contenção e a divisão que impedem ou atrapalham o caminho para o fechamento do contato. Sua característica mais marcante é a capacidade de se conter a fim de se portar de modo adequado – o que inclui um controle emocional e ético que, quando patológico, chega às raias do moralismo e, quando saudável, torna-se referência ética. Por isso, as palavras-chave aqui são "conscienciosidade", "perfeccionismo" e "previsibilidade". A pessoa com esse estilo de personalidade tende a se conter, a pensar muito, podendo chegar à ruminação de ideias; luta consigo para alcançar sempre o seu melhor a cada situação, o que acaba por resultar em certa dificuldade de relaxar, pois "sempre poderei fazer melhor" – seu mote, aliás. Note-se que nesse mote uso a primeira pessoa para deixar bem claro que as exigências mais importantes e duras dessas pessoas são voltadas para si, ao contrário, por exemplo, do estilo de personalidade egotista, tão cheio de exigências voltadas a impressionar o ambiente.

Em virtude de sua contenção e da tendência à ruminação, demonstram ter pouca energia, problemas na percepção corporal e distúrbios psicossomáticos. Bastante comum é a dificuldade de lidar com os chamados "sentimentos negativos", em especial raiva e medo, mas também tristeza. No que diz respeito às patologias mais comuns que os acometem, estão os distúrbios afetivos, sobretudo depressão unipolar e, nos dias de hoje, a versão mais comum da depressão: síndrome do pânico. Vale lembrar que, se tomarmos como referência o DSM-IV-TR, o TOC do eixo I é diferente do transtorno obsessivo-compulsivo do eixo II, embora tenham o mesmo nome. No caso da patologia do eixo I, a síndrome é caracterizada por compulsões egodistônicas reconhecidas como aberrantes pelo próprio cliente, que se sente incapaz de resistir a elas. As pessoas de estilo retrofletor assemelham-se com as personalidades obsessivo-compulsivas do eixo II do DSM-IV-TR e, possivelmente por serem mais organizadas e metódicas, raramente padecem do TOC do eixo I.

Os retrofletores percebem-se (e geralmente são) como leais e disciplinados, qualidades que valorizam, sobretudo no que diz respeito à autodisciplina, que pode até chegar à rigidez. Por causa da retroflexão, podem ter dificuldade de prestar suficiente atenção aos outros, motivo de muitas das queixas que recebem. Aqui estou tratando de um isolamento ruminador, fruto de lentos processos de assimilação – diferente, por exemplo, do isolamento das pessoas dessensibilizadas, que estão mais próximas de um vazio fértil. Também a procrastinação aparece com frequência. Esse comportamento mais contido pode trazer especificidades interessantes na participação em grupos, em especial porque essas pessoas tendem a se tornar a referência ética dos grupos dos quais participam, exercendo, não raro, uma liderança por debaixo dos panos, como uma eminência parda.

Costumam ser muito competitivos, como os egotistas. No entanto, competem com o outro para provar que podem se superar, ao passo que os egotistas o fazem para provar sua superioridade perante o outro. Se em um o prazer é superar a si, ainda que tenha de usar um oponente, no outro, o prazer é superar o outro, em geral visto como adversário ou mesmo inimigo.

Costumam ter longas amizades, às quais são leais. Mesmo assim, compõem redes mais formais de relações, embora apresentem um comportamento bastante peculiar nesse aspecto: a princípio são formais e adequados, mas, se percebem abertura para a intimidade e conseguem utilizá-la, o que é raro, compartilham vivências de intimidade bastante profundas e perenais.

No que diz respeito ao contato com novas ideias ou com mudanças, agem da mesma forma: a princípio, mostram-se refratários a novidades, mas, dependendo das circunstâncias, podem se tornar entusiastas delas, líderes e referência na defesa de mudanças, em especial no que alude a questões éticas ou a inovações tecnológicas.

Em geral, perturbam o ambiente por meio da teimosia, da previsibilidade, da repetição de comportamentos e de preferências, do perfeccionismo e das exigências de primor que fazem a si e, mais veladamente, aos outros, o que acaba por atrapalhar a convivência. Tanto nas relações informais quanto nas profissionais, esforçam-se e responsabilizam-se além da conta, em função de certa dificuldade de delegar responsabilidades e relaxar. Outra forma com que perturbam o ambiente é, por meio de um enorme autocontrole, a postergação e a evitação de conflitos com o uso de longas e inteligentes digressões procrastinadoras, nas quais seu racionalismo se torna flagrante, muitas vezes brilhante. É comum também certa avareza ao lidar com o dinheiro, sobretudo quando se trata de gastar consigo.

Como são, de certo modo, mais formais e previsíveis, têm alguma dificuldade com o toque, em geral vivido como invasor, mas desejado secretamente. Com relação à sexualidade, assim como à vivência dos prazeres e das dores, a contenção é a marca, quase sempre com tons moralistas. Dores lancinantes e prazeres indescritíveis são raros, se é que existem. Vivem um sexo rotineiro, tenso, de pouca entrega e grande autocontrole e preocupação com o desempenho adequado. Costumam ter dificuldade de se entregar e também de brincar, como se devessem ser sempre muito consequentes.

A cognição tende a ser um suporte confiável, raiz da maioria das retroflexões. O retrofletor busca sempre adequar-se ao que imagina que o ambiente espera dele ou visando à perfeição.

É comum aparecerem em terapia alusões à sua religiosidade, sobretudo no que diz respeito à moralidade, mas também no sentido de esperança de libertação. Vivências místicas são raras, pois exigem entrega. Sua fé é raciocinada, lógica e bastante crítica, se é que se pode chamar isso de fé. Um ateísmo racionalizado não é raro nessas pessoas.

No desenvolvimento profissional, tendem a se sentir melhor em atividades ligadas a questões legais, morais ou éticas, com predominância daquelas nas quais o autocontrole seja importante. Encontramos muitos retrofletores no direito; na engenharia; na psicologia; nas atividades acadêmicas; em profissões de serviço, como taxistas e garçons; na vida religiosa, em virtude das questões morais; no jornalismo; nas atividades literárias; nos meios onde a crítica social é bem-vinda. Como lazer, preferem atividades nas quais a contenção dê a tônica – optarão pelo concerto, não pela corrida de rua; pelo jantar em um ambiente tranquilo, de preferência com um garçom conhecido, e não pelo *show* ao ar livre. Jogos de palavras ou que exijam raciocínio matemático são bem degustados.

Ao pensar nas sabedorias especiais dos retrofletores, volto à questão da conscienciosidade e da ética, pois muitas das melhores viradas éticas de nossa civilização devem-se a essas pessoas. Sua capacidade de ficar, sempre que necessário, atrás dos panos, como eminência parda, também tem profundo valor. Além disso, quando conseguem ser mais ousados e aprofundar sua visão crítica, enriquecem o ambiente. Costumam ter um gosto especial pela originalidade, pelo fazer diferente, desde que de modo discreto ou com clara utilidade, além de demonstrarem um crítico senso de humor. É preciso notar também que sua perseverança na perseguição de seus objetivos (o aspecto positivo da teimosia) pode render bons frutos profissionais, além de boas pesquisas e inovações científicas e sociais.

É bastante comum esse estilo de personalidade procurar terapia, seja espontaneamente, seja encaminhado por outras pessoas ou entidades, como é o caso das esposas cansadas de sua vida repetitiva e pouco ousada. O trabalho terapêutico com o retrofletor tem algumas peculiaridades, das quais quero destacar três. Em primeiro lugar, o início da terapia tende a ser difícil, uma vez que o cliente testará o terapeuta para ver se pode se arriscar no trabalho, o que exige uma conduta acolhedora, bastante séria e profissional. Em segundo, em virtude de seu detalhismo, além do perfeccionismo, esses indivíduos podem provocar sono no terapeuta. Em terceiro, chamo a atenção para a imensa via terapêutica que, com o tempo, se abre por meio das atividades corporais, muito úteis para ampliar a ousadia e a capacidade de improvisação – calcanhares de aquiles dos retrofletores, geralmente tão avessos a (e tão desejosos de) catarses e derretimentos. Como são atentos ao ambiente, crescem muito quando a terapia os auxilia a encontrar um novo equilíbrio nesse aspecto, em especial quando permitem que os outros façam por eles mesmos quando eles próprios poderiam fazer. Em outras palavras, quando a terapia os ajuda a perceber que receber um carinho ou um presente pode ser tão bom quanto – ou até melhor que – presentear-se ou acariciar-se. Outro critério a notar quando se pensa na eficácia do trabalho psicoterapêutico é a ampliação da capacidade de brincar e, sobretudo, do gosto de fazê-lo.

ELEMENTOS PARA UMA COMPREENSÃO DIAGNÓSTICA EM PSICOTERAPIA

A expressão verbal dos retrofletores costuma utilizar uma linguagem bastante correta, não raro com o uso de palavras ou expressões eruditas. É comum certo tom monotemático na terapia: falam muito de um único tema e generalizam-no às outras áreas da vida; assim, o terapeuta deve se preparar para ir e voltar ao mesmo tema, ficando atento às pequenas mudanças ocorridas entre esse vaivém, como demonstrações sutis da ampliação da ousadia e da liberdade do cliente. Entre os homens, os temas mais comuns são o trabalho e o sexo; entre as mulheres, a família e as relações amorosas. Apreciam e utilizam metáforas e histórias curtas, sobretudo aquelas com conteúdo ético ou moral. A poesia é também bem-vinda, assim como os paradoxos, desconstrutores por excelência das ruminações cognitivas. Raramente faltam; tomam a terapia como uma tarefa a ser realizada, procuram sempre pagar em dia, mas intimamente consideram-na uma despesa alta, um desperdício de dinheiro, por mais que gostem do processo e do profissional, e por mais que cresçam (e percebam isso) no processo terapêutico.

Tenho observado que a principal falta das pessoas de modo de ser retrofletor é a liberdade. Anseiam por ela na mesma proporção que a temem. Embora alguns autores salientem que o retrofletor precisa desenvolver sobretudo a ousadia, parece-me que esta é filha da liberdade, cuja falta é o que mais incomoda essas pessoas. Liberdade para ser, para brincar, para relaxar, para não ser perfeito, para errar, para não ser amado, para ser inconveniente, para se desesperar e para amar apaixonadamente. Liberdade para não ter planos nem responsabilidades, para não satisfazer expectativas, para presentificar-se de modo criativo e despreocupado.

Um dos cuidados mais relevantes da psicoterapia com o retrofletor é o de não deixar que o trabalho se torne uma lição feita para agradar ao terapeuta, pois não raro esses clientes imaginam (mesmo sem se dar conta disso) que as conquistas advindas da terapia dependerão da aprovação do profissional. O processo de psicoterapia com as pessoas de estilo retrofletor precisa de mo-mentos, às vezes sessões inteiras, de *laisse r-aller*, quando aparen-temente os dois interlocutores estão apenas e tão somente ba-tendo papo, distantes de um clima de seriedade que "deveria" caracterizar um tratamento. São momentos de brincar que, por vezes, abrem espaço para a surpresa, ou seja, para uma nova con-figuração de si por intermédio da relação dialógica, fruto tam-bém da vivência (às vezes até da descoberta) de um tipo de infan-tilidade que é extremamente saudável. Nas palavras de PHG (1997, p. 113):

> Especialmente em terapia, a deliberação costumeira, a factualidade, a falta de comprometimentos e a responsabilidade excessiva, traços da maioria dos adultos, são neuróticos; enquanto a espontaneidade, a imaginação, a seriedade, a jovialidade e a expressão direta do sentimento, traços das crianças, são saudáveis.

De maneira muito próxima, Winnicott (1971, p. 80) aponta a importância dos momentos de seriedade infantil:

> Parece-me válido o princípio geral de que a psicoterapia é efetuada na superposição de duas áreas lúdicas, a do paciente e a do terapeuta. Se o terapeuta não pode brincar, então ele não se adapta ao trabalho. Se é o paciente que não pode, então algo

precisa ser feito para ajudá-lo a tornar-se capaz de brincar, após o que a psicoterapia pode começar. O brincar é essencial porque nele o paciente manifesta sua criatividade.

Esse estilo de personalidade aparece com destaque nas artes. Na literatura, temos o personagem Teodoro, o segundo marido de Flor em *Dona Flor e seus dois maridos* (também no filme do mesmo nome, direção de Bruno Barreto), de Jorge Amado, além de Hércule Poirot, o admirável detetive de Agatha Christie. No cinema, o retrofletor é bem ilustrado pelo protagonista de *Um conto chinês* (direção de Sebastián Borensztein) e pelo persona-gem principal de *Sociedade dos poetas mortos* (direção de Peter Weir), vivido por Robin Williams. A música que caracteriza esse jeito de ser é "Carinhoso", de Pixinguinha e Braguinha. Seu este-reótipo é o do mineirinho das piadas, sempre contido, capaz de não demonstrar medo ou susto, com respostas inteligentes e irô-nicas na ponta da língua, embora às vezes não tenha ousadia su-ficiente para expressá -las.

O egotista

O ESTILO DE PERSONALIDADE egotista caracteriza as pessoas que manifestam descontinuações mais comumente na etapa do fechamento do contato. Assemelha-se, nos critérios do DSM, às personalidades narcisista e antissocial, nas quais é flagrante a dificuldade de vivenciar sentimentos, sobretudo aqueles ligados à empatia e à culpa. Como já salientei, considerarei aqui o estilo antissocial do DSM como um estilo de personalidade egotista mais acentuado, mais arrogante para com a vida e verdadeiramente incapaz de vivenciar a culpa. A característica mais marcante dos egotistas é a capacidade de se dominar de maneira intensa, como forma de concretizar sua potência. São mais ligados à imagem que ao corpo: pode-se dizer que não *são* um corpo, mas *têm* um corpo. Tendem a ser empreendedores, podendo mostrar-se intensamente competitivos na tentativa de controlar as situações e ao outro. Por isso, as palavras-chave aqui são "vaidade", "orgulho", "imagem", "competitividade", "rivalidade". Os egotistas procuram estabelecer, em geral de forma assimétrica, relações com pessoas sobre as quais exerçam liderança ou com quem rivalizem. Lidam com o outro para confirmar a própria potência, fazendo dele instrumento de prova de sua capacidade. Pode-se compreender o egotista como aquele que oscila entre a grandiosidade e a arrogância, a depender do seu grau de atualização – quanto mais atualizado, mais grandioso; quanto menos atualizado, mais arrogante. Seu mote é "os fins justificam os meios".

Machado de Assis (2011, p. 189), no conto "Uma senhora", descreve uma mulher que poderíamos identificar como egotista:

> Ela era, porém, daquela casta de mulheres que riem do sol e dos almanaques. Cor de leite, fresca, inalterável, deixava às outras o trabalho de envelhecer. Só queria o de existir. Cabelo negro, olhos castanhos e cálidos. Tinha as espáduas e o colo feitos de encomenda para os vestidos decotados, e assim também os braços, que eu não digo que eram os da Vênus de Milo para evitar uma vulgaridade, mas provavelmente não eram outros. D. Camila sabia disso; sabia que era bonita, não só porque lho dizia o olhar sorrateiro das outras damas, como por um certo instinto que a beleza possui, como o talento e o gênio. Resta dizer que era casada, que o

marido era ruivo, e que os dous amavam-se como noivos; finalmente, que era honesta. Não o era, note-se bem, por temperamento, mas por princípio, por amor ao marido, e creio que um pouco por orgulho.

Na busca de ser o melhor, o egotista apresenta certo perfeccionismo, que aparece sobretudo como uma necessidade de que os outros o vejam como perfeito. É importante apontar que o perfeccionismo do egotista é bem diferente daquele da pessoa de estilo retrofletor, pois este último é voltado para dentro, ao passo que o perfeccionismo do egotista é voltado para fora. Dizendo de outra maneira: o retrofletor luta consigo para fazer e ser sempre melhor, ao passo que o egotista luta com o mundo para ser visto dessa forma. Um busca ser melhor, o outro busca ser *o* melhor; um luta consigo, o outro luta com alguém; um rivaliza consigo, o outro tem quase sempre um rival a ser vencido. Por terem muitas semelhanças, esse aspecto é decisivo no diagnóstico diferencial entre os dois tipos.

Pouco conservadores, os egotistas lideram mudanças ambientais e relacionais sempre que isso estiver de acordo com seus interesses. Quando estes exigem que pareçam conservadores, eles o fazem com bastante credibilidade, pois os fins justificam os meios. Dizendo de outra forma, são conservadores na luta pela manutenção do poder, utilizando-se para tanto dos meios disponíveis no ambiente, mas com preferência pela inovação e pelo empreendedorismo – sobretudo quando esse é o caminho no qual podem deixar suas marcas na vida, desejo secreto de todo egotista. Vivem constantemente uma sensação de ser superiores à maioria das pessoas, com as quais rivalizam. Essa constante rivalidade torna-os atentos a como são vistos; por isso, mostram-se sensíveis à crítica e ao aplauso. Esse comportamento competitivo pode trazer especificidades marcantes na participação em grupos, pois essas pessoas tendem a buscar uma posição de liderança.

Em geral perturbam o ambiente por meio da rivalidade e da competitividade constantes, do exacerbado senso de poder sobre os outros, da insaciável necessidade de liderança e de importância. Perturbam também pela dificuldade de vivências íntimas, especialmente quando a intimidade propicia ou exige a troca de dores e de perdas que possam pôr em risco a imagem de vencedores. Em virtude da rivalidade, buscam relações assimétricas, polarizando sobretudo com as pessoas de estilo confluente ou competindo com as egotistas. Das primeiras recebe a admiração de que necessita; das segundas, a imagem e os desafios que o movem. Raramente têm amizades profundas de longa data, a não ser que isso lhes seja útil para sua imagem ou seu poder. Outra forma de perturbação do ambiente diz respeito à inveja – costumam senti-la de maneira intensa, o que fomenta a competitividade, e quase sempre são vítimas da inveja alheia, a qual percebem e com a qual têm dificuldade de lidar de modo criativo.

Não gostam de toques nem são agradáveis de tocar, a não ser com os olhos. Preferem ser admirados a acariciados. De tendência hedonista, na vida sexual ficam mais atentos à *performance* que ao prazer, mais preocupados com o gozo do outro como prova de sua competência que com os afetos ou com a própria satisfação. Porque fazem do corpo um objeto, em geral praticam um sexo estatístico, baseado na maneira como as pesquisas científicas e a cultura qualificam a boa relação sexual: de certa forma, preocupam-se mais em saber quantas relações sexuais semanais mantêm do que com a qualidade ou a pertinência situacional delas. Dessa forma, a sexualidade dos egotistas tende a basear-se mais nos truques que nas trocas. Relacionam-se mais por meio da imagem que do corpo, com grande valorização da aparência física. Tanto os homens quanto as mulheres de estilo de personalidade egotista têm certa dificuldade de lidar com os aspectos femininos da existência.

A cognição é a ferramenta preferida quando se trata de reduzir tensões internas e/ou de competir. Recuperam-se muito rápido de frustrações usando a cognição, sobretudo por meio do chamado "pensamento positivo" – que nega as perdas e as culpas inerentes à vida e ao crescimento pessoal em prol de uma imagem de vencedor – tão em voga em nossa cultura e na psicologia atual. Destaca-se também a maneira como os egotistas lidam com o tempo: de um lado, ele precisa ser apressado para que mais e mais atividades possam ser desempenhadas; de outro, precisa ser negado para que a juventude se mantenha o mais possível, como bem apontou Machado de Assis no trecho visto há pouco.

Sua religiosidade é marcada por frieza e distanciamento, ou por uma adequação da imagem. Assim, podem ir aparentemente compenetrados a uma cerimônia dominical, participar da comunidade, mas não levar para seu cotidiano o ideário religioso. É comum também a religiosidade baseada na barganha com a divindade – regra nas devoções neopentecostais brasileiras, que supõem que a divindade privilegiará alguns dando-lhes poder e posses. Assim, aderem bem à teologia da prosperidade.

No desenvolvimento profissional, tendem a se sentir melhor em ocupações ligadas ao poder, com predominância daquelas nas quais a competitividade seja importante. Encontramos muitas pessoas de estilo egotista no direito, na medicina, nos postos empresariais e políticos, na vida religiosa, na aviação e na academia. Como lazer, preferem atividades nas quais a competição seja a tônica, de modo que entre um jogo de tênis e uma partida de frescobol ficarão com o primeiro.

Ao pensar nas sabedorias especiais dos egotistas, volto à questão da competição – mola que impulsiona condutas empreendedoras e inovadoras. Quando atualizados, costumam impulsionar o desenvolvimento e a exploração de novas fronteiras nas mais diversas áreas da vida, semeando progresso e ampliando o bem-estar com condutas ousadas e, por vezes, desbravadoras – seja na área comercial, na academia, nas ciências duras ou nas humanas.

É raro que esse estilo de personalidade procure terapia; quando o faz, é por indicação ou imposição de alguém – quando não por conveniência, na base do mote de que os fins justificam os meios. Quanto menos atualizada está a pessoa, isto é, quanto mais próxima do estilo antissocial do DSM, o mais provável é que só apareça quando isso lhe for imposto ou conveniente. Assim como os defletores, costumam abandonar precocemente a terapia, embora tal abandono seja mais motivado por um machucadinho no ego pelo qual culpam o terapeuta que pela dificuldade de aprofundamento, motivo mais comum da desistência pelas pessoas de estilo defletor. O trabalho terapêutico com essas pessoas guarda especificidades. Primeiro, o cliente testará o profissional para verificar se ele está à sua altura, de modo que é fundamental que o terapeuta tenha autoestima e confiança profissional solidamente plantadas e espontaneamente disponíveis. Ainda assim, o trabalho, sobretudo no início, tende a ser difícil, pois esse cliente só se soltará por completo para o trabalho quando perceber que é de fato admirado pelo terapeuta. Para chegar a esse ponto, ele testará o profissional de modo contínuo. Por isso, este só deve aceitar indivíduos com esse estilo de personalidade se puder admirar de fato a pessoa que está à sua frente. Mais que de amor, a pessoa egotista necessita de admiração, conseguindo perceber se tal admiração é ou não verdadeira. Um dos paradoxos do trabalho com o egotista é que ele será mais bem-sucedido se, aos poucos, o cliente puder se encontrar com a pessoa do terapeuta, o que torna as posturas de congruência e de aceitação amorosa não competitiva, mas firme, significativas. Outro paradoxo é o fato de o egotista necessitar perceber que o terapeuta tem poder e competitividade, mas prefere cooperar a lutar.

Ao atender pessoas de estilo egotista, é comum o profissional perceber em si sensações de menos-valia, e esse é um bom critério diagnóstico. Os egotistas tendem a provocar nos outros certa sensação de inadequação, de menos poder. O terapeuta não está imune a tais sentimentos, devendo colocá-los a serviço do cliente de maneira criativa em vez de combatê-los. Porém, uma exceção deve ser bem observada: quando a pessoa de estilo egotista está bastante adoecida, costuma – de forma sutil e inteligente – fazer o profissional se sentir muito bom e competente, o que perdurará até que a terapia não seja mais necessária ou conveniente, quando o terapeuta será descartado como se descarta a coroa de um abacaxi.

A terapia deve auxiliar esses clientes a ampliar sua empatia, a abrir-se às possibilidades de perdão e de cooperação, a tornar-se menos suscetíveis a provocações competitivas e mais tolerantes com os inevitáveis fracassos e com as perdas inerentes ao viver. Não é de desprezar o perigo de que, ao atender alguém com esse estilo de personalidade, o terapeuta se torne um especialista frio, um consultor, o que reforça no cliente a competitividade e a manutenção da imagem em detrimento das mudanças no sentido de uma maior humanização. O incremento da possibilidade de *ser* em contraposição à de *fazer* também constitui um dos propósitos da terapia. É impossível não notar nos egotistas a dificuldade de aceitar os mistérios da vida e de lidar com eles, o que alimenta em alguns a ilusão de que um dia o ser humano conseguirá explicar tudo – do amor (tão irracional!) à existência (ou não!) do numinoso, o *mysterium tremendum*, na definição de Rudolf Otto. Em suma, pessoas de estilo de personalidade egotista têm certa dificuldade com a compreensão (preferem a explicação) e, por isso, com a empatia. A terapia pode ajudá-las a se abrir para o encantamento de não saber – nem precisar saber – racionalmente determinadas coisas da vida.

Ao contar sua história, os egotistas tendem a encher a sala de personagens subalternos ou importantes socialmente, ou de rivais, muitas vezes falando mais do outro como forma de falar de si; gostam de mostrar como são bem acompanhados. Tendem a usar verbos na forma ativa, a utilizar sobremaneira o pronome "eu" e a se elogiar com facilidade, mostrando enorme dificuldade de expor (inclusive a si) suas culpas. Demonstram certa autossuficiência, uma sensação de que a vida é uma batalha a ser vencida. Ressentem-se consigo mesmos a cada derrota ou frustração, mas logo trocam tal sentimento por mais determinação de luta, quase como se das derrotas nada se pudesse aprender.

Das muitas pessoas de estilo egotista que já atendi, guardo a lição de que a terapia é tanto mais eficaz quanto mais o terapeuta consegue de fato admirar seu cliente. Porém, trata-se de uma admiração diversa daquela do senso comum, mais próxima de um fã-clube que elogia e inveja a ostentação que os egotistas mostram no cotidiano. A admiração necessária ao terapeuta é aquela que consegue se curvar ao – e ajudar a vir à luz o – potencial que está escondido e tolhido pela ostentação, pois essa postura ajuda o egotista a pôr seus enormes dons a serviço da vida, do mundo, do outro, trocando a arrogância pela grandiosidade.

Depois de atender inúmeras pessoas com esse estilo de personalidade e de conviver com elas, hoje não tenho dúvidas de que são, de fato, especiais – no sentido do empreendedorismo, da ousadia, do desbravamento de novas áreas e possibilidades –, sobretudo quando saudáveis.

Não é fácil distinguir as pessoas de estilo egotista daquelas aprisionadas em estados egotistas, embora estas tenham outro estilo. Isso corresponde, no DSM-IV-TR, à diferença entre o narcisismo no eixo I e a personalidade (ou o transtorno) narcisista no eixo II. Noto que as pessoas aprisionadas no estado egotista têm uma mãe (no caso dos homens) ou um pai (no caso das mulheres) sexualmente sedutor que, manipulativamente, embora por vezes com boas intenções conscientes, coloca o(a) filho(a) em inevitável confronto com o genitor do mesmo sexo, declarando o(a) filho(a) vencedor(a) do confronto. Nesses casos, o príncipe é entronizado antes que o rei morra e assume o trono como Dâmocles, mas não tem força para abdicar dele, dado o poder de quem o(a) entronizou. Noto ainda que os egotistas, especialmente quando mais saudáveis, traçam horizontes ousados, corajosos e factíveis ao longo do tempo, ainda que com sacrifícios, ao passo que as pessoas aprisionadas no estado egotista traçam horizontes ilusórios nos quais nem elas mesmas acreditam.

Como exemplos desse estilo de personalidade, temos, no cinema, a personagem principal do filme *O diabo veste Prada* (direção de David Frankel), vivida por Merryl Streep, além do protagonista de *O aviador* (direção de Martin Scorsese), vivido por Leonardo Di Caprio. Marcante como caracterização do estilo egotista limítrofe, antissocial, é o personagem do mesmo Di Caprio em *Prenda-me se for capaz* (direção de Steven Spielberg). Na literatura, cito o protagonista do livro *O perfume*, de Patrick Süskind, que também virou filme (direção de Tom Tykwer). Ressalte-se que o estilo de personalidade egotista, paradigma da cultura ocidental desde os anos 1950, é buscado como ideal na grande maioria dos livros de autoajuda, sobretudo aqueles que se apoiam na assim chamada psicologia positiva.

O confluente

O ESTILO DE PERSONALIDADE confluente abrange as pessoas que manifestam descontinuações mais comumente na etapa da retirada do contato. Assemelha-se, nos critérios do DSM, à personalidade dependente, na qual são flagrantes a devoção e o apego que impedem ou atrapalham a retirada do contato. Sua marca é a capacidade de se doar aos outros de maneira intensa, com uma subsequente cobrança, em geral na mesma intensidade. Tendem a ser conservadoras, podendo chegar a ser moralistas na tentativa de controle do outro. Por isso, as palavras-chave aqui são "devoção", "controle sobre os outros", "ingenuidade". Os confluentes costumam unir-se, geralmente em relações assimétricas, a outras pessoas, para quem se sentem úteis e necessárias. Cuidam desse outro de maneira tão zelosa que podem às vezes passar da atenção ao controle. Seu mote é "juntos venceremos".

Por serem conservadores, os confluentes lidam mal com mudanças ambientais e relacionais, reagindo a elas com ansiedade e, por vezes, com pânico. Sentem não estar à altura das situações, das tarefas, das exigências da vida. Tal sentimento de inadequação torna-os muito atentos, a fim de compensar essa sensação de incompetência. Não são raros os episódios de depressão associados a essa visão de si. O comportamento mais devotado ou controlador pode marcar sua participação em grupos, pois essas pessoas tendem a se tornar referência de cuidado e de poder – embora se trate de um poder vicário, pois há sempre uma pessoa em posição superior a quem o confluente recorre, como no exemplo da mãe que diz ao filho: "Você vai ver quando seu pai chegar!"

Em geral, perturbam o ambiente por meio da devoção extremada, do controle, do senso de dever exacerbado, que podem gerar no outro mau humor ou condutas subservientes. São capazes de fazer grandes sacrifícios pelas pessoas, mesmo em situações em que elas não necessitariam (ou não desejariam) tanta dedicação. Assim, muitas vezes acabam enredando o outro e mantendo-o também confluente em virtude da culpa que lhe é gerada por tanta dedicação e cuidado. Nesse aspecto, assemelham-se aos profletores, mas um olhar cuidadoso para o todo permite discriminar o estilo preponderante em cada cliente. Essa regra de olhar o todo é útil também para examinar as semelhanças entre os confluentes, os retrofletores (por exemplo, no cuidado moral) e os defletores (por exemplo, no servir).

Também perturbam o ambiente mostrando certa dificuldade de manter relações simétricas, de modo que comumente estão acima ou abaixo daqueles com quem se relacionam, controladores ou devotados. Fiéis, podem ficar em relações já fracassadas mesmo quando reconhecem que o melhor seria uma retirada e o enfrentamento do risco da temida solidão. Podem se tornar tão apegados que, mesmo em face de uma viuvez, mantêm o casamento por meio de uma confluência simbólica com a pessoa que se foi. Em crise, é comum terem desentendimentos por causa do seu senso de dever ou da assimetria nas relações.

Mesmo sendo, de certa forma, mais conservadores, têm facilidade pelo toque e gosto por ele, dificilmente sexualizando as expressões afetivas. Com relação à sexualidade, a doação é a marca, em geral com tons devotados. Preferem o sexo romantizado, terno, de muita entrega afetiva e de controle sobre o outro.

A cognição tende a não ser um suporte confiável, sendo comum que os confluentes apresentem atitudes ingênuas e tolas – as quais, quando percebem, logo criticam. Demonstram fragilidades quando precisam lidar com questões muito racionais ou matematicamente lógicas, recorrendo a outros nos quais confiam.

A religiosidade desses clientes é marcada por devoção e ritualização, podendo ser vivida com pouca crítica e entrega piedosa a instituições ou pessoas. Podem ser obreiros ou tornar-se responsáveis por áreas pastorais, ou mesmo por setores de uma paróquia ou congregação – nos quais podem exercer sua dedicação e seu controle. Quando não manifestam a religiosidade publicamente, vivem-na de modo velado relacionando-se com um deus em geral tido como poderoso e temido, ou supostamente poderoso e bom.

No desenvolvimento profissional, tendem a se sentir melhor em ocupações ligadas ao cuidado, à docência e à administração de pessoas, com predominância das atividades nas quais a capacidade de gerência de pessoas seja exigida. Encontramos muitas pessoas de estilo de personalidade confluente na educação (inclusive em cargos de direção ou orientação); na psicologia; na vida religiosa, sobretudo pela possibilidade de servir; no serviço doméstico; nos meios onde o cuidado e a regência são bem-vindos, como na assistência social. Como lazer, têm predileção por atividades nas quais a participação de outros seja a tônica; assim, eles preferirão um almoço familiar a um passeio solitário pelo parque.

Ao pensar nas sabedorias especiais das pessoas confluentes, volto à questão do cuidado e do gerenciamento, que lhes permite colocar-se, quando cuidadosas, como promotoras do crescimento do outro, e, quando gerentes, como mantenedoras do bom andamento de trabalhos e até de instituições. Costumam ter um bom senso estético e manter-se vinculadas a outras pessoas ou instituições por longo tempo, fielmente.

Em geral, é bastante comum que procurem terapia. O trabalho terapêutico com essas pessoas será sempre longo, mesmo quando for curto. Isso porque, se entram na relação terapêutica, ela tenderá a durar a vida inteira, ainda que a terapia propriamente dita tenha acabado. Em outros termos: uma vez que o confluente aceite o outro como terapeuta, este se tornará referência por muito tempo. Não é incomum o profissional ter dificuldade de encerrar um atendimento, pois esses clientes lidam mal também com esse tipo de fechamento. Costumam ver o terapeuta como referência, quando não como salvador, alguém que os ajudará a solucionar os problemas sem grandes sofrimentos ou perdas – o que deve ser motivo de cuidadosa frustração por parte do profissional.

Outro aspecto interessante e comum no atendimento aos confluentes é o terapeuta notar que está tomando partido do cliente, em geral contra o(a) parceiro(a) deste. Trata-se de um tipo de contratransferência perigosa, pois pode levar o profissional a atuações iatrogênicas. Assim, ao atender as pessoas de personalidade confluente, o terapeuta não deve se colocar de forma muito ativa no processo, cuidando para não ser vítima do controle que tais indivíduos exercem sobre o ambiente e repetem na terapia. O incremento da crítica também pode ser um dos propósitos da terapia para essas pessoas.

Os confluentes costumam ser clientes confiáveis: esforçam-se no trabalho, comparecem regularmente às sessões, estão atentos ao terapeuta – se possível poupando-o, como fazem com as pessoas mais próximas. A terapia deve auxiliar na ampliação de sua autonomia, na abertura de possibilidades de desapego, ajudando-os ainda a se tornar menos suscetíveis a ressentimentos e mais tolerantes com as incertezas da vida. Repito: não se deve desprezar o risco de que o terapeuta se torne um consultor, um guru, um conselheiro, o que reforça a cristalização na confluência e na dependência, mantendo desnecessariamente a pessoa em terapia por um longo tempo.

Ao contar sua história, os confluentes tendem a encher a sala de atendimento, trazendo, de modo simbólico, toda a família para se tratar. Tendem a usar um tom de autopiedade, manifestando a sensação de que a vida lhes exige mais do que podem dar. Ao mesmo tempo, ressentem-se consigo mesmos por dar mais do que recebem. É comum elogiarem a sessão recém-vivida ou a própria terapia; aqui, é importante que o profissional perceba o motivo do elogio, pois de maneira geral este é sincero e confirmador do investimento pessoal que a pessoa está fazendo. Ou seja, não se trata de manipulação – ao contrário do que faz a maioria dos defletores, que elogia para evitar o contato mais amoroso.

Um dos temas centrais para as pessoas de estilo de personalidade confluente em terapia é a solidão. Lidam mal com ela, sobretudo a mais longa, embora algumas manifestem também dificuldade com a solidão mais curta. A primeira refere-se a acontecimentos com perspectivas mais duradouras, como a saída dos filhos de casa no início da vida adulta, o divórcio, a viuvez ou a aposentadoria. Essa é a solidão mais temida pelos confluentes, a ponto de muitas vezes manterem um casamento que já não tem sentido para não ficar sós, ou, mais comum entre os homens, iniciarem uma nova relação amorosa antes de sair da anterior, deixando de viver o necessário tempo de solidão na passagem de uma relação a outra. Como vimos, outra alternativa – mais comum entre as mulheres que enviúvam ou vivem divórcios com os quais não concordam – de lidar com a solidão longa é manter uma relação simbólica com a pessoa que se foi, ou se manter solitária(o) e se esmerar ainda mais no cuidado dos filhos ou familiares. Já a solidão mais curta refere-se a breves momentos em que se está sozinho – uma viagem, uma caminhada pelo parque, um fim de semana em que os familiares viajaram. Muitos confluentes chegam a viver crises de pânico, de agorafobia ou de outra forma de ansiedade quando colocados repetidas vezes diante desse tipo de solidão.

O que mais tenho observado no atendimento psicoterapêutico de confluentes é certa forma de fidelidade que pode atrapalhar o processo se não for devidamente cuidada pelo terapeuta. É como se essas pessoas, ao ingressarem em terapia, o fizessem para sempre, almejando um consultor eterno. Penso ser importante que o terapeuta acolha essa postura de seu cliente, mas é preciso que o profissional entenda que, mesmo que essa relação muitas vezes dure por toda a vida, a terapia não pode ser infinita, podendo restar, de modo pontual, como alternativa para um momento mais doído da vida.

Outra característica comum no atendimento aos confluentes são as intercorrências médicas. Eles procuram com maior frequência que as outras pessoas os serviços médicos, muitas vezes à espera de uma confirmação existencial, de um toque físico que lhes devolva o corpo, da reafirmação de que a temida solidão da morte não está tão próxima como às vezes parece.

Entendo que isso pode e deve ser motivo de diálogo nas sessões de terapia, embora se deva tomar cuidado para que o cliente não imagine que tais diálogos sejam críticas ou reprimendas a esse tipo de padrão. Vale ainda notar que aqui dificilmente temos a simulação de adoecimentos ou afecções psicossomáticas em busca de atenção do poder médico; o que caracteriza essa busca de ajuda é sobretudo o medo da autonomia – vivência que se baseia na capacidade de estar paulatinamente mais e mais só, embora não independente.

Como exemplos de personagens com esse estilo de personalidade temos, no cinema, a protagonista do filme *Pães e tulipas* (direção de Silvio Soldini), além da personagem de Kathy Bathes em *Tomates verdes fritos* (direção de Jon Avnet) e da de Vivien Leigh em *...E o vento levou* (direção de Victor Fleming, George Cukor e Sam Wood). Ainda no cinema, para não ficar só nos exemplos femininos, temos Tonto, vivido por Johnny Depp em *O cavaleiro solitário* (direção de Gore Verbinski), e o protagonista de *Igual a tudo na vida* (direção de Woody Allen). Na literatura, destaco, entre outros, Sancho Pança, fiel seguidor de

D. Quixote. Uma música que caracteriza esse jeito de ser é "Mulheres de Atenas", de Chico Buarque e Augusto Boal. O estereótipo das pessoas confluentes é o da secretária imprescindível na vida de seu superior – que ela conhece e controla sutilmente como ninguém.

5. Comentários finais

QUERO TERMINAR ESTE livro com três comentários curtos.

O primeiro e mais importante deles é que uma tipologia não busca o patológico, mas a compreensão do jeito de ser, da maneira como cada pessoa se relaciona consigo mesma e com o mundo, levando na mais cuidadosa conta que não se pode jamais reduzir o indivíduo a seu estilo de personalidade. Assim, uma compreensão diagnóstica em Gestalt-terapia não procura identificar doenças, mas entender como o cliente é, como está vivendo, como se dá a demanda por terapia, além de apontar possíveis prognósticos para o trabalho terapêutico. Desse modo, a psicoterapia se coloca a serviço da pessoa, não contra uma possível doença.

O segundo comentário diz respeito a uma possível falta que o leitor sinta de exemplos clínicos de cada estilo de personalidade, como é comum encontrarmos em livros do gênero de outras abordagens. Minha escolha por esse caminho deu-se por dois motivos. O primeiro, mais importante, é que desejo evitar a lista de características ou de sintomas a ser consultada para conhecer o estilo de determinado cliente. Se a compreensão diagnóstica fundamenta-se na atmosfera da sessão, se ela se dá no contato, se todos temos a possibilidade de transitar por todos os estilos, é ao todo – a como a pessoa se configura no seu dia a dia – que se deve dar atenção, não a detalhes ou a certos comportamentos, e isso é indescritível. Nesse sentido, os apontamentos que faço aqui de cada estilo devem ser compreendidos como um referencial, um fundo do qual a figura do estilo se destacará na relação com o cliente. O segundo motivo é meu desejo de evitar exemplos paradigmáticos, de modo a que o terapeuta se permita esvaziar-se quando diante de seu cliente, permitindo que a percepção do estilo deste brote do diálogo. Utilizo-me de exemplos de obras de arte – filmes, livros, músicas – porque eles são mais didáticos, na medida em que exigem que o terapeuta interaja com eles, abra-se para perceber o todo que compõe cada personagem. Peço ainda ao colega leitor que não utilize a tabela que encontrará no Apêndice deste livro como um roteiro de características a ser ticadas, mas como uma síntese que facilite o estudo, oriente o conhecimento do profissional e o provoque a ampliar o que abordei aqui.

O terceiro comentário se deve ao fato de que a descrição sumária que fiz aqui não consegue traçar plenamente cada estilo de personalidade, mesmo porque nenhuma descrição tipológica pode fazê-lo, na medida em que é apenas um mapa. Assim, desenhei aqui um instrumento terapêutico, um facilitador do trabalho que terapeuta e cliente têm na psicoterapia. Uma tipologia deve ser associada a uma série de outros instrumentos e atitudes que o terapeuta desenvolva a fim de realizar uma boa compreensão diagnóstica – base para que possa se colocar como auxiliar de seu cliente na complexa tarefa de tornar-se mais e mais aquela pessoa que ele é.

Referências

Assis, M. *Seus trinta melhores contos*. Rio de Janeiro: Nova Fronteira, 2011.
Beisser, A. "A teoria paradoxal da mudança". In: Fagan, J.; Shepherd, I. L. *Gestalt-terapia: teoria, técnicas e aplicações*. Rio de Janeiro: Zahar, 1977.
Bello, A. A. *Introdução à fenomenologia*. São Paulo: Edusc, 2006.
Casarin, D. *Contato*. Rio de Janeiro: Revinter, 2007.
Ciornai, S. (org.). *Percursos em arteterapia*. São Paulo: Summus, 2004.
_____. "Contato na vida, na concepção e no método da Gestalt--terapia: perspectiva clássica e perspectiva nas culturas de idiomas latinos". *SampaGT*, ano 2 n. 2, 2005, p. 4-22.
Crocker, S. F. "Proflexion". *The Gestalt Journal*, v. IV, 1981, p. 13-34.
De Lucca, F. *A estrutura da transformação – Teoria, vivência e atitude em Gestalt-terapia à luz da sabedoria organísmica*. São Paulo: Summus, 2012.
Delisle, G. *Balises II : une perspective gestaltiste des troubles de la personnalité*. Montreal: Le Centre d'Intervention Gestaltiste Le Reflet, 1988.
_____. *Personality disorders: a Gestalt-therapy perspective*. Otawa: Sig Press, 1999.
_____. *Las perturbaciones de la personalidad: una perspectiva gestáltica*. Madri: Sociedad de Cultura Valle-Inclán, 2005.
Denes, M. "Paradoxes in the therapeutic relationship". *The Gestalt Journal*, v. III, n. 1, 1980. Disponível em: <http://www.gestalt.org/magda.htm>. Acesso em: 19 jan. 2015.

DSM-IV-TR. *Manual diagnóstico e estatístico dos transtornos mentais*. 4. ed. rev. Porto Alegre: Artmed, 2002.

FRAZÃO, L. M. "O pensamento diagnóstico em Gestalt-terapia". *Revista de Gestalt*, v. 1, n. 1, 1991, p. 41-46.

_____. "A importância de compreender o sentido do sintoma em Gestalt-terapia". *Revista de Gestalt*, ano II, n. 2, 1992, p. 41-52.

_____. "Contribuições para uma visão gestáltica da psicopatologia e do psicodiagnóstico". Apresentação em mesa-redonda no V Encontro Nacional de Gestalt-terapia e II Congresso Nacional da Abordagem Gestáltica, Vitória (ES), 1995a (*paper*).

_____. "Revendo a questão do diagnóstico em Gestalt-terapia: entendidos e mal-entendidos". *Revista do I Encontro Goiano de Gestalt-terapia*, v. 1, n. 1, 1995b, p. 80-86.

_____. "A compreensão do funcionamento saudável e não saudável: a serviço do pensamento diagnóstico em Gestalt-terapia". *Revista do V Encontro Goiano da Abordagem Gestáltica*, 1999, p. 27-34.

GINGER, S.; GINGER, A. *Gestalt: uma terapia do contato*. São Paulo: Summus, 1995.

_____. *Gestalt: a arte do contato. Nova abordagem otimista das relações humanas*. Petrópolis: Vozes, 2010.

GREENBERG, E. "Love, admiration, or safety: a system of gestalt diagnosis of borderline, narcissistic, and schizoid adaptations that focuses on what is figure for the client". *Paper* apresentado à VI Conferência Europeia de Gestalt-terapia, Palermo, Itália, 1998.

HOLDREGE, C. "Seeing things right-side up: the implications of Kurt Goldstein's holism". 2006. Disponível em: <http://www.natureinstitute.org/pub/ic/ic2/goldstein.htm#>. Acesso em: 12 jan. 2015.

HYCNER, R.; JACOBS, L. *Relação e cura em Gestalt-terapia*. São Paulo: Summus, 1997.

LISPECTOR, C. *Água viva*. Rio de Janeiro: Artenova, 1973.

LOFFREDO, A. M. *A cara e o rosto – Ensaio sobre a Gestalt-terapia*. São Paulo: Escuta, 1994.

Lowen, A. *Narcisismo*. São Paulo: Círculo do Livro, 1989.

Melnick, J.; Nevis, S. M. "Diagnosing in here and now: a Gestalt--therapy approach". In: Grenberd, W.; Lietae, R. (orgs.). *Handbook of experiential psychotherapy*. Nova York/Londres: The Guilford Press, 1992.

Moreira, V. "A Gestalt-terapia e a abordagem centrada na pessoa são enfoques fenomenológicos?" *Revista da Abordagem Gestáltica* [on--line], v. 15, n. 1. jun. 2009. Disponível em: <http://pepsic.bvsalud.org/scielo.php?script=sci_arttext&pid=S1809-68672009000100002&lng=pt&nrm=iso&tlng=pt>. Acesso em: 12 jan. 2015.

Naranjo, C. *Os nove tipos de personalidade*. Rio de Janeiro: Objetiva, 1997.

_____. *O eneagrama da sociedade*. São Paulo: Esfera, 2004.

Oaklander, V. *Descobrindo crianças*. São Paulo: Summus, 1980.

Perls, F. S. *Ego, hunger and aggression: the Gestalt therapy of sensory awakening through spontaneous personal encounter, fantasy and contemplation*. Nova York: Vintage Books, 1969.

_____. *A abordagem gestáltica e testemunha ocular da terapia*. Rio de Janeiro: Zahar, 1977a.

_____. *Gestalt-terapia explicada*. São Paulo: Summus, 1977b.

_____. *Escarafunchando Fritz: dentro e fora da lata de lixo*. São Paulo: Summus: 1979.

_____. *Ego, fome e agressão: uma revisão da teoria e do método de Freud*. São Paulo: Summus, 2002.

_____. et al. *Isso é Gestalt*. São Paulo: Summus, 1977c.

Perls, F. S.; Hefferline, R.; Goodman, P. [PHG] *Gestalt-terapia*. São Paulo: Summus, 1997.

Perls, L. *Living at the boundary*. Gouldsboro: The Gestalt Journal Press, 1992.

Pervin, L. A. *Personalidade: teoria, avaliação e pesquisa*. São Paulo: EPU, 1978.

Philippson, P. "Gestalt in Britain – A polemic". 1995. Disponível em <http://www.mgestaltc.force9.co.uk/gestalt_in_britain_-_a_polemic.htm>. Acesso em: 20 jan. 2015.

_____. "A map of Gestalt therapy". 1996. Disponível em: <http://123webpages.co.uk/user/index.php?user=mgc&pn=10702>. Acesso em: 20 jan. 2015.

PIMENTEL, A. *Psicodiagnóstico em Gestalt-terapia*. São Paulo: Summus, 2003.

PINTO, E. B. *Psicoterapia de curta duração na abordagem gestáltica: elementos para a prática clínica*. São Paulo: Summus, 2009.

_____. "Psicopatologia, psicoterapia e medicação". In: TINOCO, D. H.; BERGER, A. S. S.; DUARTE, M. F. *Psicopatologia e intervenções psicológicas: semana acadêmica do curso de psicologia da Unifil*. Londrina: Ed. da Unifil, 2013, p. 81-100.

POLSTER, E.; POLSTER, M. *Gestalt-terapia integrada*. Belo Horizonte: Interlivros, 1979.

PORCHAT, I.; BARROS, P. *Ser terapeuta: depoimentos*. 5. ed. rev. São Paulo: Summus, 2006.

RIBEIRO, J. P. *O ciclo do contato*. Brasília: Ser, 2005.

_____. *O ciclo do contato: temas básicos na abordagem gestáltica*. São Paulo: Summus, 2007.

TATOSSIAN, A. *Fenomenologia das psicoses*. São Paulo: Escuta, 2006.

TELLEGEN, T. A. *Gestalt e grupos: uma perspectiva sistêmica*. São Paulo: Summus, 1984.

VINACOUR, C. "Estilos de personalidade e polaridades: a teoria de Theodor Millon aplicada à Gestalt-terapia". *Revista de Gestalt*, n. 8, 1999, p. 16-29.

WINNICOTT, D. W. *O brincar e a realidade*. Rio de Janeiro: Imago, 1971.

YONTEF, G. M. *Processo, diálogo e awareness: ensaios em Gestalt-terapia*. São Paulo: Summus, 1998.

Anexo – Tabela comparativa dos estilos de personalidade

	Palavras-chave e mote	Corporeidade	Cognição	Contato interno	Sociabilidade
Dessensi-bilizado	solidão, apatia; "O mínimo possível"	dificuldade de manifestar sentimentos; poucas necessidades sexuais; baixa energização corporal	mais voltada para o concreto; parece ter pouca curiosidade	posição privilegiada e, geralmente, de conforto	rede social limitada; pouco interesse nos contatos interpessoais, embora possa se dedicar a questões sociais
Defletor	superficialidade, sexualização; "Abundância e brevidade"	boa percepção corporal; corpo sexualizado e sujeito a somatizações; vivencia bem tanto o prazer quanto a dor	superficializando, desvalorizando os processos cognitivos e a introspecção, atentando para os acontecimentos externos	posição ansiogênica, pois o retraimento não combina com a sociabilidade – tão importante para essa pessoa	bastante socializado, teme viver a intimidade; rede social boa no aspecto quantitativo, fraca no qualitativo; contatos superficiais
Introjetor	Hesitação, retirada; "Tudo sempre pode piorar"	atento às sensações que indicam perigo; tartamudez; dá mais atenção à dor que ao prazer	medo constante de rejeição, ridicularização ou humilhação; espera sempre pelo pior	posição privilegiada, raramente confortável, podendo ser compensada com fantasias	contato fugidio; vigilante; temor de ser rejeitado ou humilhado; pouca intimidade; não é bom confidente (mais pede que dá)
Projetor	vigilância, suspeita; "Sempre alerta"	rígido, tem dificuldade de perceber o corpo; energizado e vigilante, não consegue relaxar	ideias de importância e de referência; suspeita do mundo com contato com a realidade; forte cognição	nunca relaxa; teme a aproximação afetiva	teme que confidências possam ser usadas contra ele; retaliador; busca a independência; não percebe que projeta

CONTINUA

139

CONTINUAÇÃO

	Palavras-chave e mote	Corporeidade	Cognição	Contato interno	Sociabilidade
Profletor	Impulsividade, abandono, temeridade; "Se desejo, posso"	Sensações ora vividas de forma intensa, ora passando despercebidas; corpo aberto ao prazer e à dor; muito energizado ou apático; ações impulsivas, às vezes violentas	tem dificuldade de reconhecer o que sente; sua cognição é caprichosa e inconstante, pouco confiável; tende à imprevisibilidade	posição que traz ansiedade e pode ser vivida como abandono; por vezes experimenta intenso retraimento, sobretudo na forma de excesso de sono	dificuldade de manter uma rede por longo tempo em virtude de sua instabilidade; os momentos de contato com o outro podem ser seguidos de imediatas reversões profundas à solidão
Retrofletor	conscienciosidade, perfeccionismo, previsibilidade, avareza; "Sempre poderei fazer melhor"	fraca percepção corporal: o corpo deve ser dominado; pouco energizado; procrastinador; raramente se abre ao prazer; teme a dor	consciencioso, leal; valoriza a (auto)disciplina; forte suporte cognitivo; refratário a princípio a novas ideias, pode se tornar um entusiasta delas	posição ansiogênica, porque o deixa vulnerável à crítica; dificuldade de relaxar	formal e leal, estabelece relações longas; tem dificuldade com a intimidade; ações contidas, polidas; pouca espontaneidade; ruminador; tende à passividade
Egotista	vaidade, imagem, competitividade, rivalidade; "Os fins justificam os meios"	grande contato e domínio corporal, usados para exibir-se; boa vivência do prazer; busca superar a dor.	busca reduzir a tensão com jogos de raciocínio; recupera-se bem de quedas cotidianas	posição ansiogênica, porque o retraimento o priva da admiração alheia	rede profissional bem montada, mas rede afetiva fraca; dá pouco valor aos outros e muito valor a si
Confluente	devoção, controle sobre os outros, ingenuidade; "Juntos venceremos"	ansiedade no contato com mudanças ambientais; atenta tanto ao prazer quanto à dor, comunica melhor sobre a dor.	crê não estar à altura ou ser inadequado; cognição apoiada mais no outro; pode ser inocente e crédulo	Posição ansiogênica porque a solidão dificulta a confluência	é, ao mesmo tempo, dependente e controlador, submisso e opressor, frágil e forte; dá mais atenção ao outro que a si

ELEMENTOS PARA UMA COMPREENSÃO
DIAGNÓSTICA EM PSICOTERAPIA

	Afetividade e sexualidade	Sabedorias	Vida profissional e lazer	Religiosidade	Especificidades na psicoterapia
Dessensibilizado	baixa intensidade emotiva; poucos afetos; vida em "preto e branco"; desejos e necessidades sexuais fracos	capacidade de agir sem impulsividade e de manter uma atitude de crítica ao cotidiano cultural; certo estoicismo; capacidade de tolerar a solidão; humor sarcástico	busca profissões que exijam pouco contato interpessoal: motorista de ônibus/caminhão, contador, informática, vigia noturno, escritor; prefere o lazer solitário	relaciona-se com a divindade de por meio do isolamento, da negação do corpo ou de sua imolação; pensamentos mágicos são comuns	contato empobrecido durante a sessão; dificuldade de com a energia para mudar e com o polo ativo da vida; é preciso cuidado para não invadir o cliente e trabalhar o aumento da propriocepção; provoca certa frieza no profissional
Defletor	emoções intensas, superficiais e efêmeras; entusiasma-se facilmente e irrita-se com a mesma facilidade; sexualidade ativa, imperiosa, de difícil contenção	capacidade de aproximação e acolhimento; presença em grupos (especialmente em experiências comunitárias e de solidariedade); capacidade de unir posturas conservadoras a inovadoras	atividades que exigem grande contato interpessoal, desde que não aprofundado, sobretudo de ajuda aos outros: enfermagem, atividades didáticas, organização de eventos, organização religiosa; prefere passatempos que facilitem o contato	vivência mística severa, festiva e ritualística; relaciona-se com a divindade por meio dos grupos de pertinência, da organização de eventos religiosos, do cuidado com os rituais e com os coirmãos	busca aliança para enfrentar o ambiente; manifesta-se de forma generalista e emocionada; contato mais intenso que íntimo; lembrar a técnica do "obrigado, não, por quê", vinculação pobre com a terapia; precisa ampliar a capacidade de intimidade e profundidade, além de cuidar do autocentramento
Introjetor	Vive sobretudo o medo e a ansiedade; oscila entre a necessidade de vida afetiva, o temor de ser rejeitado e certa dessensibilização afetiva; o sexo pode embaraçá-lo	reconhecimento das situações de risco e criação de estratégias para minimizá-los; vida imaginativa muito rica	busca profissões que possibilitem segurança ou o protejam de possível humilhação: serviço público, atividades burocráticas; tem dificuldade de se entregar ao lazer	distante, podendo tornar-se persecutória	de início, forte ansiedade; precisa se perceber aceito; pode tentar ser adequado ao terapeuta; a terapia deve ajudá-lo a experienciar o prazer e ampliar a tolerância à dor, aumentando sua capacidade de estar passivo

CONTINUA

141

CONTINUAÇÃO

	Afetividade e sexualidade	Sabedorias	Vida profissional e lazer	Religiosidade	Especificidades na psicoterapia
Projetor	irritadiço, tende à frieza e ao mau humor; embora queira parecer objetivo e impassível, é irritável, invejoso, ciumento, depreciativo; na sexualidade, nunca relaxa, evitando a aproximação amorosa	capacidade de reconhecer o perigo e de lidar com ele, sobretudo quando adota profissões voltadas para a proteção de pessoas ou de valores	prefere profissões que valorizem a postura vigilante: militar, policial, advogado; no lazer, opta por atividades que permitam o isolamento	relaciona-se com a divindade com marcante desconfiança, não raro com ateísmo ou fanatismo belicoso e irascível	raramente faz terapia; precisa desenvolver desprendimento e capacidade de pensar mais antes de agir; provocador; interpreta cada gesto do terapeuta como manobra estratégica; o profissional não deve tentar se livrar da suspeição nem ser ambíguo; o terapeuta pode viver uma certa paranoia
Profletor	afetividade lábil; emoções e humores podem surgir em aparente dissonância com a realidade; sexualidade intensa, apaixonada; momentos de depressão podem ser seguidos de excitação ou apatia; parece – mas não é – bipolar	artes e criação em diversas áreas; produz muitas das melhores obras artísticas de nossa civilização	sente-se melhor em profissões ligadas à arte, ótima para transformar impulsividade em criatividade; no lazer, suas preferências variam muito	passional; por vezes, a adesão a determinado culto ajuda-o a lidar com a difícil questão da retroflexão saudável	a relação terapêutica é difícil e tensa; vê o terapeuta ora como muito bom, ora como muito mau; provoca no terapeuta compaixão; precisa desenvolver a capacidade de se conter e a estabilidade, necessitando de um terapeuta estável e centrado, cuidadoso quanto à contratransferência
Retrofletor	atitude formal e distante; esconde os sentimentos calorosos ou embaraça-se com eles; se consegue intimidade, é meigo e generoso; na sexualidade, pouco criativo e pouco ousado	conscienciosidade e ética; capacidade de ficar nos bastidores; visão crítica que pode enriquecer o ambiente; gosto pela originalidade; perseverança	profissões ligadas a questões legais ou éticas: direito, psicologia, docência, vida religiosa, atividades literárias; no lazer, programas nos quais a contenção seja a tônica (jogos de palavras ou que exijam raciocínio matemático)	moral; sua fé é lógica e bastante crítica; o ateísmo racionalizado não é raro	conservador; pode encarar a terapia como uma tarefa; sessões entediantes; monotemático, precisa desenvolver ousadia, improvisação, alegria; deve ser ajudado a ampliar sua capacidade de agir; terapeuta pode usar paradoxos e o senso de humor

CONTINUA

ELEMENTOS PARA UMA COMPREENSÃO DIAGNÓSTICA EM PSICOTERAPIA

CONTINUAÇÃO

	Afetividade e sexualidade	Sabedorias	Vida profissional e lazer	Religiosidade	Especificidades na psicoterapia
Egotista	Indiferente; em crise, pode experimentar dolorosos vazios; por sua falta de empatia, não dá valor às experiências dos outros; sexualmente, está sempre pronto a dar prazer ao outro como prova da própria excelência	impulsiona o desenvolvimento e a exploração de novas fronteiras, semeando progresso e ampliando o bem-estar com condutas ousadas e, por vezes, desbravadoras	gosta de profissões ligadas ao poder, como no direito, na medicina, na administração, na política etc.; no lazer, prefere atividades competitivas	marcada por frieza e distanciamento ou por uma adequação da imagem; barganhas com a divindade (teologia da prosperidade)	verifica se o profissional está à sua altura; o terapeuta deve ter autoestima e confiança profissional; provoca no terapeuta certa vivência de menos-valia; a terapia deve ajudá-lo a ampliar a empatia, a abrir-se à cooperação e a ser mais tolerante com os mistérios
Confluente	sentimento crônico de impotência e de inadequação; pacífico, pode tornar-se autoritário; sexualidade ansiosa, pouco crítica, pouco autônoma, obediente ou romântica	capacidade de gerenciamento, que lhe permite auxiliar no crescimento do outro e manter o bom andamento de trabalhos; bom senso estético; criação de vínculos longos e fiéis com pessoas ou instituições	prefere profissões ligadas ao cuidado, à docência e à administração de pessoas: secretária, educadora, religiosa, assistente social, psicóloga; no lazer, opta por atividades congregadoras	marcada por devoção e ritualização, podendo ser vivida com pouca crítica e entrega piedosa a instituições ou pessoas; Deus é pai	a terapia será longa; crê que o terapeuta vai se responsabilizar por sua segurança; provoca neste o desejo de protegê-lo; precisa ser auxiliado a desenvolver autonomia e senso crítico; atenção ao controle que tende a exercer sobre o ambiente